한봉선은 말하다

멸망의 가증한 것이 서지 못할 곳에 선 것을
보거든 읽는 자는 깨달을 진저… (막 13:14)

저자 한봉선

도서출판 조은

추천사

한봉선 선교사님은 연로하신데도 불구하고, 주의 일에 헌신하며 주의 뜻을 이루기 위해 애쓰고, 받은 은혜를 전하고자 몸부림치는 모습이 젊은 사람은 물론 교역자들에게도 큰 도전과 은혜가 된다.

선교사님의 일생은 젊은 시절부터 고난과 시련의 연속이었으며, 그 가운데 온전히 주와 동행하는 삶이였다.

그는 주께 붙잡힌 자신의 삶에 그 사명을 다하려고 애써왔다.

이번에 발간된 책은 4번째 발행하는, 어쩌면 그의 생애에 마지막 사명이 될 수도 있는 책으로써, 그의 생생한 지나온 삶과 간증, 신앙체험 등이 기록되어 있다.

읽는 이로 하여금 대단한 도전과 깨달음의 은혜가 있을 것이라 믿는다.

그러므로 일평생 선지자적 삶을 살아온 그는 이 책을 통해 이 세대에 하나님의 귀한 메시지를 전하고자 한다.

그가 하나님께로 받은 계시와 깨달음을 통해 독자들로 하여금 신앙적 유익과 하나님께 더 가까이 나아가는 믿음의 회복이 있을 것을 기대하며 추천하는 바이다.

영광교회 담임 윤병선 목사

머리글

저는 가난한 농부의 딸로 태어나서 아버지는 제가 네 살 때에 돌아가시고, 가정환경 때문에 학교도 갈 수 없었습니다. 그래서 공부는 집에서라도 배워야 할 것으로 생각하고 공부를 하려니 가정 형편이 몹시도 어려웠습니다.

그때는 연필 한 자루를 마련 못해서 등잔불에 성냥개비 타고 남은 까만 것을 가지고 사용하였으며, 종이는 쓰다 남은 시멘트 종이를 가지고 몇 번씩 쓰고 배운 것으로 한글을 겨우 배우게 되었습니다.

내 나이 10살 때 하나님의 계시가 처음 저에게 임하시면서 "내가 글을 배우면 안 될 것이다. 그러나 배우지 않으므로 병이 될 것이란다."라고 하셨습니다. 지금 와서 생각하니 병이 된다는 것은 제가 마음에 고통이 따를 것이라는 말임을 알게 되었고, 성경책을 읽는데도 글을 모르기 때문에 여간 힘든 것이 아니었습니다.

그러다 열두 살 되었을 때 신기하게도 하나님이 꿈에 백두산에 오르게 하시더니 세상을 내려다보게 하셨습니다. 사람들이 메마른 땅에 살고 있다고 보여 주면서, 나무가 드문 드문 서있고 하얀 모래 속에서 생명수 샘물이 구멍에서 솟아오르고 있는 것이 보였습니다. 파랑새 한 마리가 나무에 날아와서 앉더니 컵을 주면서 먹어 보라고 해서 떠먹으니 물이 꿀같이 달았습니다. 그러면서 새가 하는 말이 그 물을 떠다가 엄마를 드리면 병이 나을 것이라고 했습니다. 꿈을 깨고 너무도 신기하여 그 샘을 찾으러 산중까지 갔는데, 결국 샘물은 못 찾고 새알 다섯 알을 주워가지고 와서 어머니를 삶아 드리려고 놓아두었더니, 조카들이 깨어버려서 새알조차도 드리지 못했습니다. 결국, 어머니는 병환이 심해져서 평생 고생만 하시고 따뜻한 위로한 번 받지 못하시고 좋은 음식 한번 못 드시고 마지막 길을 가셨습니다.

어린 나이지만, 어쩌면 이렇게도 세상은 매정할까? 어머니의 죽음을 보면서 충격을 받고 사람들의 비정한 마음을 원망하면서 슬피 울고 있는데, "너는 세상의 기둥이 되어라"하는 하나님의 계시가 있었습니다. 똑똑히 성경 구절과 말씀으로 인도해 주셨습니다.

내가 나의 두 증인에게 권세를 주니리 저희가 굵은 베옷을 입고 일천 이백 육십일을 예언하리라(계 11:3)

1974년이 되던 해, 하나님께서는 저에게 책을 쓰라고 말씀하셨습니다. 글을 쓸 줄도, 읽을 줄도 모르는 저는 너무나 당황했습니다. 하나님 저 같은 사람이 무슨 책을 씁니까? 하고 순종하지 않았더니 성령께서 밤새도록 잠을 못 이루게 하였습니다. 결국은 순종하고 책을 펴내게 되었습니다. 지난 1권, 2권, 3권을 만들고 이제 마지막으로 제4권을 펴내게 되었습니다. 이 책이 나오기까지 함께 하신 하나님께 모든 영광을 돌리며, 수고하고 협력해주신 모든 분들께 감사드리고, 이 책을 읽는 자마다 거룩한 하나님의 자녀로 세움 받기를 바랍니다. 할렐루야!

2012. 1.

한 봉 선 선교사

차례

1. 추수군의 사명을 다하라

성령의 인도따라

"예수께서 가라사대 여우도 굴이 있고 공중의 새도 집이 있으되 인자는 머리 둘 곳이 없도다 하시고 또 다른 사람에게 나를 좇으라 하시니 그가 가로되 나로 먼저 가서 내 부친을 장사하게 허락하옵소서 가라사대 죽은 자들로 자기의 죽은 자들을 장사하게 하고 너는 가서 하나님의 나라를 전파하라 하시고 또 다른 사람이 가로되 주여 내가 주를 좇겠나이다 마는 나로 먼저 내 가족을 작별케 허락하소서 예수께서 이르시되 손에 쟁기를 잡고 뒤를 돌아보는 자는 하나님의 나라에 합당치 아니하니라 하시니라"(눅 9:58~62).

"너는 이런 데 시간 갖지 말고 예수의 영이 허락지 아니한 곳에는 가지 말아야 한다"(행 16:7).

"이제 내가 사람들에게 좋게 하랴 하나님께 좋게 하랴 사람들에게 기쁨을 구하랴 내가 지금까지 사람의 기쁨을 구하는 것이었더면 그리스도의 종이 아니니라"(갈 1:10).

인자는 안식일의 주인이니라

"그 사람이 곧 나아서 자리를 들고 걸어 가니라 이 날은 안식일이니 유대인들이 병 나은 사람에게 이르되 안식일인데 네가 자리를 들고 가는 것이 옳지 아니하니라 대답하되 나를 낫게 한 그가 자리를 들고 걸어가라 하더라 한대 저희가 묻되 너더러 자리를 들고 걸어가라 한 사람이 누구냐 하되 고침을 받은 사람이 그가 누구신지 알지 못하니 이는 거기 사람이 많으므로 예수께서 이미 피하셨음이라 그 후에 예수께서 성전에서 그 사람을 만나 이르시되 보라 네가 나았으니 더 심한 것이 생기지 않게 다시는 죄를 범치 말라 하시니 그 사람이 유대인들에게 가서 자기를 고친 이는 예수라 하니라 그러므로 안식일에 이러한 일을 행하신다 하여 유대인들이 예수를 핍박하게 된지라 예수께서 저희에게 이르시되 내 아버지께서 이제까지 일하시니 나도 일한다 하시매"(요 5:9~17).

"또 가라사대 안식일은 사람을 위하여 있는 것이요 사람이 안식일을 위하여 있는 것이 아니니"(막 2:27).

"인자는 안식일의 주인이니라 하시니라 거기를 떠나 저희 회당에 들어가시니 한편 손 마른 사람이 있는지라 사람들이 예수를 송사하려 하여 물어 가로되 안식일에 병 고치는 것이 옳으니이까 예수께서 가라사대 너희 중에 어느 사람이 양 한 마리가 있어 안식일에 구덩이에 빠졌으면 붙잡아 내지 않겠느냐"(마 12:8~11).

"여자가 가로되 메시야 곧 그리스도라 하는 이가 오실 줄을 내가 아노니 그가 오시면 모든 것을 우리에게 고하시리이다 예수께서 이르시되 네게 말하는 내가 그로라 하시니라… 예수의 말씀을 인하여 믿는 자가 더욱 많아"(요 4:25,26,41).

독사에게 물린 오빠

"여호와께서 말씀하시되 내가 술법으로도 제어할 수 없는 뱀과 독사를 너희 중에 보내리니 그것들이 너희를 물리라 하시도다"(렘 8:17).

어느 날 저녁에 성경을 가지고 동네마다 돌아다니는데 새벽 4시에 뱀이 수안보 어느 집에 들어가는 환상을 보고 거기로 가라는 말씀으로 여겨 첫 집에 들어갔습니다. 깻잎을 따다가 독사한테 물려서 다리가 퉁퉁 부어 있는 사람을 보고 종교가 무어냐고 물었더니 불교라고 했습니다. 석가모니는 사람이지 신이 아니므로 하나님을 믿어야지 왜 사람을 믿느냐고 했더니 예수님께서 '렘 8:17'을 주셔서 이 말씀으로 치료하려나보다 하고 복음을 전하고 왔는데 곧 치료가 되었습니다. 그리고 와서 잠을 자는데 친정에 뱀의 환상이 보여서 친정에 갔더니 큰 오빠가 고추밭에서 독사를 두 마리 잡아 약탕기에 넣다가 물려 '렘 8:17'의 말씀으로 치료가 되었습니다. 그러자 오빠께서 "너는 배우지도 않았으면서 어떻게 성경을 줄줄 읽느냐"고 하면서 성경을 사가지고 오셔서 기도를 부탁하셨습니다.

“저희 중에 어떤 이들이 주를 시험하다가 뱀에게 멸망하였나니 우리는 저희와 같이 시험하지 말자 저희 중에 어떤 이들이 원망하다가 멸망시키는 자에게 멸망하였나니 너희는 저희와 같이 원망하지 말라”(고전 10:9~10).

“모세가 놋뱀을 만들어 장대 위에 다니 뱀에게 물린 자마다 놋뱀을 쳐다본즉 살더라”(민 21:9).

2. 첫사랑을 회복하자

죽을 짓들을 하고 있으니

"여호와께서 이 백성에 대하여 말씀하시되 그들이 어그러진 길을 사랑하여 그 발을 금하지 아니하므로 나 여호와가 그들을 받지 아니하고 이제 그들의 죄를 기억하고 그 죄를 벌하리라 하시고 여호와께서 또 내게 이르시되 너는 이 백성을 위하여 복을 구하지 말라 그들이 금식할지라도 내가 그 부르짖음을 듣지 아니 하겠고 번제와 소제를 드릴지라도 내가 그것을 받지 아니할 뿐 아니라 칼과 기근과 염병으로 그들을 멸하리라 이에 내가 가로되 슬프도소이다 주 여호와여 보시옵소서 선지자들이 그들에게 이르기를 너희가 칼을 보지 아니하겠고 기근은 너희에게 이르지 아니할 것이라 여호와께서 이곳에서 너희에게 확실한 평강을 주시리라 하나이다 여호와께서 내게 이르시되 선지자들이 내 이름으로 거짓 예언을 하도다 나는 그들을 보내지 아니하였고 그들에게 명하거나 이르지 아니하였거늘 그들이 거짓 계시와 복술과 허탄한 것과 자기 마음의 속임으로 너희에게 예언하도다"(렘 14:10~14).

"처음 믿음을 저버렸으므로 심판을 받느니라"(딤전 5:12).

"그러나 너를 책망할 것이 있나니 너의 처음 사랑을 버렸느니라"(계 2:4).

"너희 안일한 부녀들아 일어나 내 목소리를 들을지어다 너희 염려 없는 딸들아 내 말에 귀를 기울일지어다 너희 염려 없는 여자들아 일년 남짓이 지나면 너희가 당황하여 하리니 포도 수확이 없으며 열매 거두는 기한이 이르지 않을 것임이니라 너희 안일한 여자들아 떨지어다 너희 염려 없는 자들아 당황하여 할지어다 옷을 벗어 몸을 드러내고 베로 허리를 동일지어다"(사 32:9~11).

"보라 장차 한 왕이 의로 통치할 것이요 방백들이 공평으로 정사할 것이다"(사 32:1).

한 영혼을 진정으로 사랑하는 자가 의인이다

"너희는 예루살렘 거리로 빨리 왕래하며 그 넓은 거리에서 찾아보고 알라 너희가 만일 공의를 행하며 진리를 구하는 자를 한 사람이라도 찾으면 내가 이 성을 사하리라"(렘 5:1).

"간음하는 여자들이여 세상과 벗된 것이 하나님의 원수임을 알지 못하느뇨 그런즉 누구든지 세상과 벗이 되고자 하는 자는 스스로 하나님과 원수되게 하는 것이니라… 그런즉 너희는 하나님께 순복할지어다 마귀를 대적하라 그리하면 너희를 피하리라 하나님을 가까이 하라 그리하면 너희를 가까이 하시리라 죄인들아 손을 깨끗이 하라 두 마음을 품은 자들아 마음을 성결케 하라"(약 4:4,7,8).

"내가 지금 기뻐함은 너희로 근심하게 한 까닭이 아니요 도리어 너희가 근심함으로 회개함에 이른 까닭이라 너희가 하나님의 뜻대로 근심하게 된 것은 우리에게서 아무 해도 받지 않게 하려 함이라 하나님의 뜻대로 하는 근심은 후회할 것이 없는 구원에 이르게 하는 회개를 이루는 것이요 세상 근심은 사망을 이루는 것이니라"(고후 7:9~10).

"형제들아 서로 원망하지 말라 그리하여야 심판을 면하리라 보라 심판자가 문밖에 서 계시니라… 내 형제들아 너희 중에 미혹하여 진리를 떠난 자를 누가 돌아서게 하면 너희가 알 것은 죄인을 미혹한 길에서 돌아서게 하는 자가 그 영혼을 사망에서 구원하며 허다한 죄를 덮을 것이니라"(약 5:9,19,20).

안면근육 마비를 치료하신 하나님

오일장 신문을 보고 전도를 안 가려고 전화기를 들고 말하는데 혀가 굳고 얼굴이 비틀어지며 입술이 뻣뻣하며 말을 할 수가 없었습니다. 하나님께서 "너는 내 일만 해다오"라고 말씀하셔서 순종하겠다고 하니 3일 만에 안면근육의 마비가 풀렸습니다(습 3:14~17).

"그러므로 네 본 것과 이제 있는 일과 장차 될 일을 기록하라"(계 1:19).

"여호와께서 내게 대답하여 가라사대 너는 이 묵시를 기록하여 판에 명백히 새기되 달려가면서도 읽을 수 있게 하라 이 묵시는 정한 때가 있나니 그 종말이 속히 이르겠고 결코 거짓되지 아니하리라 비록 더딜지라도 기다리라 지체되지 않고 정녕 응하리라"(합 2:2~3).

"이제후로는 나를 위하여 의의 면류관이 예비되었으므로 주 곧 의로우신 재판장이 그날에 내게 주실 것이니 내게만 아니라 주의 나타나심을 사모하는 모든 자에게(딤후 4:8).

"인자의 온 것은 잃어버린 자를 찾아 구원하려 함이니라… 이르시되 너희 맞은편 마을로 가라 그리로 들어가면 아직 아무 사람도 타보지 않은 나귀새끼의 매여 있는 것을 보리니 풀어 끌고 오너라… 나귀새끼를 풀 때에 그 임자들이 이르되 어찌하여 나귀새끼를 푸느냐 … 대답하여 가라사대 내가 너희에게 말하노니 만일 이 사람들이 잠잠하면 돌들이 소리지르리라 하시니라 가까이 오사 성을 보시고 우시며" (눅 19:10~41)

3. 참된 예수의 증인

하나님은 인간의 지식으로 측량할 수 없는 오묘한 섭리로 일하시며 또 징계를 통해서 역사하십니다. 저의 체험을 통해 깨닫게 된 것을 말씀드리겠습니다.

신앙체험

저의 친정마을에는 방 한 칸 정도 되는 샘이 논 한가운데 있었는데 그 샘을 참샘이라 불렀습니다.

겨울에는 아무리 추워도 맨발로 빨래를 할 정도로 따뜻하고, 여름에는 이가 시릴 정도로 차가운 샘물이었습니다.

어느 날 그 물이 말라 이끼가 끼어 있는 것을 보게 되었습니다. 그 물이 말라버린 것은 사람들의 마음이 강퍅하고 완악하고 범죄 된 세상이 되니 하나님의 축복이 잠깐 끊어졌다는 것이었습니다.

제가 그것을 보고 기도하는 중에 석벽이 깨지고 물구멍 심지가 쑥 빠지면서 물이 3탕으로 쏟아지는 것이었습니다. 그러니까 회개만 하면 하나님의 성령이 생수와 같이 넘치며 마음의 문이 열린다는 것입니다. 1, 2, 3 중 2탕에서 발을 씻고 나니까 제가 하늘로 쭉 올라가는 것이었습니다.

그곳에 가니 재판관들이 있었는데 그분들이 전봇대를 보여주며 너는 세상에 가서 기둥이 되라 하였습니다. 그래서 그 기둥을 가지고 다시 세상에 내려오니 갑자기 기둥이 보따리로 변하는 것이었습니다. 그 보따리 속에는 목화솜과 삼베옷이 들어 있었습니다. 목화솜은 생명이고 삼베옷은 무엇인가 생각하던 중 주시는 말씀이 "내가 나의 두 증인에게 권세를 주리니 저희가 굵은 베옷을 입고 일천이백육십 일을 예언하리라"(계 1,1:3).

베옷을 입고 회개하는 모습을 보며 죄인의 모습으로 증거 하는구나 하고 생각하며 죄인의 모습으로 생명을 살리는 일을 저의 사명으로 받았습니다.

그런데 하나님께서는 세상에 영적 거지들이 가득 찼다는 것입니다. 세상적인 것이 없는 거지가 아니라, 하나님을 모르고 하나님의 말씀을 바로 깨닫지 못하는 영적거지라는 겁니다.

"그가 내게 이르시되 인자야 일어서라 내가 네게 말하리라 하시며"(겔 2:1), "인자야 내가 너를 이스라엘 족속의 파수꾼으로 세웠으니 너는 내 말을 듣고 나를 대신하여 그들을 깨우치라"(겔 3:17).

"사로잡힌 네 민족에게로 가서 그들이 듣든지 아니 듣든지 그들에게 고하여 이르기를 주 여호와의 말씀이 이러하시다 하라 하시더라"(겔 3:11).

"또 내게 지팡이 같은 갈대를 주며 말하기를 일어나서 하나님의 성전과 제단과 그 안에서 경배하는 자들을 척량하되…"(계 11:1).

"나의 달려갈 길과 주 예수께 받은 사명 곧 하나님의 은혜의 복음 증거 하는 일을 마치려 함에는 나의 생명을 조금도 귀한 것으로 여기지 아니하노라 보라 내가 너희 중에 왕래하며 하나님 나라를 전파하였으나 지금은 너희가 다 내 얼굴을 다시 보지 못할 줄 아노라 그러므로 오늘 너희에게 증거 하노니 모든 사람의 피에 대하여 내가 깨끗하니 이는 내가 꺼리지 않고 하나님의 뜻을 다 너희에게 전하였음이라 너희는 자기를 위하여 또는 온 양떼를 위하여 삼가라 성령이 저들 가운데 너희로 감독자를 삼고 하나님이 자기 피로 사신 교회를 치게 하셨느니라"(행 20:24~28).

목회자 가정

유명한 부흥강사 목사님 집에 갔는데 환상 중에 사모님이 하얀 강아지를 끌어안고 있어서 그게 무어냐고 물으니까 '렘 10, 21'을 말씀해 주셨습니다. 요즈음 사람들은 부모님 머리 한 번 감겨 드리지 않고 목욕 한 번 시켜 드리지 못하면서도 강아지를 우상처럼 섬기고 있습니다.

이렇듯 성도들의 가정마다 강아지를 키우는데, 마음과 시간을 강아지에게 빼앗기고 있습니다. 위생상도 좋지 않습니다.

"목자들은 우준하여 여호와를 찾지 아니하므로 형통치 못하며 그 모든 양떼는 흩어졌도다"(렘 10:21).

"하나님 집에서 심판을 시작할 때가 되었나니 만일 우리에게 먼저 하면 하나님의 복음을 순종치 아니하는 자들의 그 마지막이 어떠하며 또 의인이 겨우 구원을 얻으면 경건치 아니한 자와 죄인이 어디 서리요 그러므로 하나님의 뜻대로 고난을 받는 자들은 또한 선을 행하는 가운데 그 영혼을 미쁘신 조물주께 부탁할 지어다"(벧전 4:17~19).

모두가 환자

"예수께서 모든 성과 촌에 두루 다니사 저희 회당에서 가르치시며 천국 복음을 전파하시며 모든 병과 모든 약한 것을 고치시니라 무리를 보시고 민망히 여기시니 이는 저희가 목자 없는 양과 같이 고생하며 유리함이라 이에 제자들에게 이르시되 추수할 것은 많되 일군은 적으니"(마 9:35~37) 하셨다.

환자와 함께 영으로부터 해방되어야 하고 원인이 무엇인지를 알아야 하는데, 사람의 방법으로 하려고 하니 치료가 되지 않고 영혼이 병들고 육신도 병들게 된다.

죽어가는 생명을 위해서가 아니라 먹고 살기 위해 일함

"예수께서 그 열두 제자를 부르사 더러운 귀신을 쫓아내며 모든 병과 모든 약한 것을 고치는 권능을 주시니라 열두 사도의 이름은 이러하니 베드로라 하는 시몬을 비롯하여 그의 형제 안드레와 세베대의 아들 야고보와 그의 형제 요한, 빌립과 바돌로매, 도마와 세리 마태, 알패오의 아들 야고보와 다대오, 가나안인 시몬과 및 가룟 유다 곧 예수를 판 자라 예수께서 이 열 둘을 내어보내시며 명하여 가라사대 이방인의 길로도 가지 말고 사마리아인의 고을에도 들어가지 말고 차라리 이스라엘 집의 잃어버린 양에게로 가라 가면서 전파하여 말하되 천국이 가까왔다 하고 병든 자를 고치며 죽은 자를 살리며 문둥이를 깨끗하게 하며 귀신을 쫓아내되 너희가 거저 받았으니 거저 주어라"(마 10:1~8).

4. 믿는 자는 심판을 면하리라

"내가 땅의 일을 말하여도 너희가 믿지 아니하거든 하물며 하늘 일을 말하면 어떻게 믿겠느냐 하늘에서 내려온 자 곧 인자 외에는 하늘에 올라간 자가 없느니라 모세가 광야에서 뱀을 든것 같이 인자도 들려야 하리니 이는 저를 믿는 자마다 영생을 얻게 하려 하심이니라 하나님이 세상을 이처럼 사랑하사 독생자를 주셨으니 이는 저를 믿는 자마다 멸망치 않고 영생을 얻게 하려 하심이니라 하나님이 그 아들을 세상에 보내신 것은 세상을 심판하려 하심이 아니요 저로 말미암아 세상이 구원을 받게 하려 하심이라 저를 믿는 자는 심판을 받지 아니하는 것이요 믿지 아니하는 자는 하나님의 독생자의 이름을 믿지 아니하므로 벌써 심판을 받은 것이니라"(요 3:12~18).

"네가 사자와 독사를 밟으며 젊은 사자와 뱀을 발로 누르리로다"(시 91:13).

말씀으로 거듭남

"예수께서 대답하여 가라사대 진실로 진실로 네게 이르노니 사람이 거듭나지 아니하면 하나님 나라를 볼수 없느니라"(요 3:3).

"그가 내게 일러 가로되 여호와께서 스룹바벨에게 하신 말씀이 이러하니라 만군의 여호와께서 말씀하시되 이는 힘으로 되지 아니하며 능으로 되지아니하고 오직 나의 신으로 되느니라 큰 산아 네가 무엇이냐 네가 스룹바벨 앞에서 평지가 되리라 그가 머릿돌을 내어 놓을 때에 무리가 외치기를 은총, 은총이 그에게 있을지어다 하리라 하셨고"(슥 4:6~7).

귀 있는 자는 들을지어다

밥상을 예수님과 함께 먹으라고 하면서 병아리는 무슨 뜻이냐고 물으니 "예루살렘아 예루살렘아 선지자들을 죽이고 네게 파송된 자들을 돌로 치는 자여 암탉이 그 새끼를 날개 아래 모음 같이 내가 네 자녀를 모으려 한 일이 몇 번이냐 그러나 너희가 원치 아니하였도다"(마 23:37).

물지개

물 지개 지고 동네마다 다니는데 나만 따라 다니는 것을 보고 "내가 주는 물을 먹는 자는 영원히 목마르지 아니하리니 나의 주는 물은 그 속에서 영생하도록 솟아나는 샘물이 되리라"(요 4:14).

"저가 큰 나팔소리와 함께 천사들을 보내리니 저희가 그 택하신 자들을 하늘 이 끝에서 저 끝까지 사방에서 모으리라"(마 24:31).

"수치를 모르는 백성아 모일지어다 모일지어다"(습 2:1).

"딸 군대여 너는 떼를 모을지어다 그들이 우리를 에워쌌으니 막대기로 이스라엘 재판자의 뺨을 치리로다"(미 5:1, 히 10:24, 사 34:16). "구슬도 꿰어야 보배다"

호랑이와 구렁이

"우리가 육체에 있어 행하나 육체대로 싸우지 아니하노니 우리의 싸우는 병기는 육체에 속한 것이 아니요 오직 하나님 앞에서 견고한 진을 파하는 강력이라 모든 이론을 파하며 하나님 아는 것을 대적하여 높아진 것을 다 파하고 모든 생각을 사로잡아 그리스도에게 복종케 하니 너희의 복종이 온전히 될 때에 모든 복종치 않는 것을 벌하려고 예비하는 중에 있노라"(고후 10:3~6).

"우리의 씨름은 혈과 육에 대한 것이 아니요 정사와 권세와 이 어두움의 세상 주관자들과 하늘에 있는 악의 영들에게 대함이라 그러므로 하나님의 전신갑주를 취하라 이는 악한 날에 너희가 능히 대적하고 모든 일을 행한 후에 서기 위함이라 그런즉 서서 진리로 너희 허리 띠를 띠고 의의 흉배를 붙이고 평안의 복음의 예비한 것으로 신을 신고 모든 것 위에 믿음의 방패를 가지고 이로써 능히 악한 자의 모든 화전을 소멸하고 구원의 투구와 성령의 검 곧 하나님의 말씀을 가지라"(엡 6:12~17).

"또 무리에게 이르시되 아무든지 나를 따라 오려거든 자기를 부인하고 날마다 제 십자가를 지고 나를 좇을 것이니라 누구든지 제 목숨을 구원코자 하면 잃을 것이요 누구든지 나를 위하여 제 목숨을 잃으면 구원하리라 사람이 만일 온 천하를 얻고도 자기를 잃든지 빼앗기든지 하면 무엇이 유익하리요 누구든지 나와 내 말을 부끄러워하면 인자도 자기와 아버지와 거룩한 천사들의 영광으로 올 때에 그 사람을 부끄러워하리라"(눅 9:23~27).

5. 이 세상 임금을 심판하였다

우리나라는 참으로 하나님께서 택하셔서 오래 전부터 대적을 할 줄도 모르고 그냥 당하기만 했지만 우리 하나님의 뜻은 하나님의 나라는 제사장 나라, 종으로 삼은 나라라고 했습니다.

"또 가라사대 종 삼는 나라를 내가 심판하리니 그 후에 저희가 나와서 이곳에서 나를 섬기리라 하시고"(행 7:7).

종으로 삼은 나라로써 심판을 해서 심판을 먼저 받았기 때문에 남을 심판할 특권이 있다는 것입니다. 내가 심판을 받지 않고서는 남을 심판할 수 없다는 말씀입니다. 하나님의 심판권을 받는 자는 누구든지 각색 심판을 받아야 된다는 말씀입니다.

그래서 저도 심판을 먼저 받았고 저 뿐만 아니라 친정식구들 모두 심판을 받았습니다. 그 시련이라는 것은 이루 말할 수가 없었습니다. 겪지 않은 것이 없을 정도로 많은 시련을 겪었습니다. 그런데 저만 겪은 것이 아니라 이 나라의 왕으로부터 어린 심령에 이르기까지 여러 재난으로 먼저 고통을 겪었기 때문에 제사장 나라로 삼아 주시는 것입니다.

성경 말씀 속에서 우리를 구속하시고 여러 가지 시련 속에서 구속해 주시는 그 구속의 은혜를 우리 한국에 내려주셨다는 말씀을 먼저 드립니다.

"그가 와서 죄에 대하여, 의에 대하여, 심판에 대하여 세상을 책망하시리라 죄에 대하여라 함은 저희가 나를 믿지 아니함이요 의에 대하여라 함은 내가 아버지께로 가니 너희가 다시 나를 보지 못함이요 심판에 대하여라 함은 이 세상 임금이 심판을 받았음이니라"(요 16:8~11).

이 세상 임금이 심판을 받는 원인은 하나님에 대해서 경외심이 없었다는 것입니다. 우주 만물의 창조주이신 하나님을 인정하고 믿는다지만 이것은 근성이지 정말로 하나님이 각종 식물을 주시고 호흡하게 하시고 우주만물을 주관하시고 우리 인간을 사랑하셔서 축복하신 그 주인을 모른다는 것입니다.

심판의 예고

그런데 1974년 8월 15일 문세광이 고 육영수 영부인을 저격한 사건 전에 그것을 저에게 하나님께서 보여 주셨습니다. 형언할 수 없는 모습으로 보여주신 후에 그러한 어려움이 왔습니다. 이렇게 말씀처럼 구속하시는 하나님을 바로 알지 못할 때 우리는 더 큰 어려움을 막을 수가 없다는 말씀을 기억하여 하나님께서 징계보다 축복을 받는 백성으로 깨우치기 위하신 분이라는 것을 증거 하는 것입니다.

또 한 사건으로 보여주시기를, 1969년 7월 3일 하나님께서는 저에게 당시의 대통령인 박정희 대통령께서 꺾인다고 말씀하셨습니다. 그 일은 제가 3번 죽었다 살아남아서 제 입으로 예언하기를 박정희 대통령이 꺾인다는 말씀이었습니다. 주위 사람들은 머리맡에 물을 떠다 놓고 수건을 적셔가며 머리에 얹어 놓고 지켜야 했습니다. 그렇게 3번을 죽고 살아난 후 제 입에서 예언이 터지면서 "박정희 대통령이 꺾인다"라고 하였습니다.

이렇게 하나님께서는 사전에(고 박대통령 시해사건 1979. 6. 26) 큰 일에 대한 것들을 보여주시고 경고하셨습니다. 이처럼 하나님께서는 부족한 저를 통해 어려운 일들을 보여주셨는데 가만히 있을 수가 없어 어느 전도사님을 통해 잘 쓰지는 못했지만 그리다시피 해서 청와대로 몇 번의 편지를 보냈습니다. 그러나 그런 일은 청와대에서 처리할 일이 아니라며 비서실장이 도로 보내왔습니다.

1974년도에 영부인이 저격당하여 돌아가시고 그런 일이 있은 후 1979년 6월 26일에 박대통령께서도 시해 당하셨습니다. 1969년도에 하나님께서 대통령이 꺾인다고 제 입을 통해 예언하게 하시고 1979년에 정말로 꺾이게 하셨으니 그 뜻을 다 깨닫지 못하여 기도하는 중에 "큰 왕을 치신 이에게 감사하라" (시 136:17), 구속의 은혜를 내리시는 이에게 감사하라는 것입니다.

우리 인간은 언젠가는 가는 것입니다. 한번 왔다가 한번 가는데 하나님께서 하시는 일을 감히 누가 뭐라고 할 수 있겠습니까? 그러나 사람을 통해 역사하신다는 것입니다. 인간의 눈으로 보기에는 문세광은 죽일 놈이지만 하나님은 또 그를 통하여 역사하셨다는 것입니다. 이렇게 많은 일들이 하나님의 구속에서 예언하시고 성취되는 모습을 알 수가 있었습니다.

1996년도에 대통령을 지내신 전두환과 노태우가 심판을 받는 것을 기도하는 중에 말씀으로 보여 주시는데 "이제 이 세상의 임금이 심판이 이르렀으니 이 세상 임금이 쫓겨나리라"(요 12:31). 그 쫓겨나리라는 말씀이 교도소 옥중에서 세상 밖으로 쫓겨난다는 뜻이구나 하고 깨달았습니다.

그런 후 또 기도하는 가운데 말씀을 주시기를, "여호와의 희생의 날에 내가 방백들과 왕자들과 이방의 의복을 입은 자들을 벌할 것이며"(습 1:8), 벌을 하시는데 무조건하고 벌하는 게 아니라 의복, 이방인의 의복을 입으면 하나님의 복음으로 삼지 않고 말씀에 순종하지 않는 것이 모든 것을 이방인의 의복으로 여기고 벌하신다는 말씀입니다.

"저희가 왕들을 세웠으나 내게서 말미암지 아니하였고 저희가 방백들을 세웠으나 나의 모르는 바며 저희가 또 그 은 · 금으로 자기를 위하여 우상을 만들었나니 파멸을 이루리라"(호 8:4).

아! 하나님을 경외하는 마음이 전혀 없었다는 것입니다. 그리고 주인을 모르고 왕들을 세웠을 때 그 왕이 하나님을 경외하는 경외심이 없는 왕이었다는 것입니다. 한마디로 하나님과 관계없이 자기들 멋대로 왕을 세웠다는 말씀입니다.

이렇게 무슨 일을 할 때는 하나님께 묻고 기도해야 하는데, 위정자나 목사님들까지도 인간의 생각이나 다른 곳에 의존하고는 합니다. 예언이니 신통력이니 하면서 요즘 무당이나 점쟁이들이 활개 치는 이유가 모두들 하나님을 바로 보지 못하고 알지 못하기 때문입니다. 이처럼 위정자나 정치가들이 하나님께 묻고 의지해야 함에도 불구하고 점쟁이나 귀신을 찾으니 오죽하겠습니까?

"혹이 너희에게 고하기를 지절거리며 속살거리는 신접한 자와 마술사에게 물으라 하거든 백성이 자기 하나님께 구할 것이 아니냐 산 자를 위하여 죽은 자에게 구하겠느냐 하라"(사 8:19).

산 자가 죽은 자에게 물으니 하나님 마음이 얼마나 아플까요? 그동안 하나님께서는 갈 데 안 갈 데 다 보내시며 저를 연단시키셨습니다.

서울에 어느 홍길동이라는 여자가 옛날 젊었을 때는 새우장사를 하던 사람이었는데 무당 신이 들어 점을 하기 시작했습니다. 큰 성전 같은 곳에서 점을 보는데 사람들이 밀려와 틈이 없을 정도였습니다. 그곳에 오는 사람들이 다 제법 이름께나 있는 사람들이 오고는 하였습니다. 그런데 하나님께서는 제가 거기서 얼마 동안 머물게 하면서 그것을 보게 하셨습니다. 저것을 봐라, 저것을 봐라, 정치가들이나 위정자들이 저 무당에게 물으니 이 말을 안 할 수가 없으며 그 모든 일들을 보여주신 하나님의 뜻을 깨닫고 이 말씀을 생각해 봅니다. 그래요. 다 헛되고 헛되게 살고 하나님을 모르니 다 죽은 일들뿐이라는 것입니다.

여호와께 의탁하라

"이스라엘의 거룩하신 자 곧 이스라엘을 지으신 여호와께서 가라사대 장래 일을 내게 물으라 내 아들들의 일과 내 손으로 한 일에 대하여 내게 부탁하라"(사 45:11).

그러니까 나를 지으신 주인에게 물으라. 기계도 만든 사람이 알아야 뜯어서 고칠 수 있듯이 나를 창조하시고 지으신 하나님께 물어야지 귀신한테 묻고 산 자가 죽은 자에게 물어서 정치를 하니 그 정치가 온전할 수가 없다는 것입니다.

흑암에 싸여 자기의 사리사욕과 명예와 권력에 눈이 어두워 끝내는 망하는 것밖에 없다는 것입니다. 이렇게 나라가 어렵게 되고 환난을 겪은 것이 하나님을 떠난 행동과 삶에서 비롯되었다는 것을 정치 지도자들은 깨달아야 할 것입니다.

지도자들과 왕들이 하나님의 말씀과 섭리에서 벗어나니 오히려 그 어려움과 고통은 백성들이 감당해야 했습니다. 이런 것들을 우리는 깨닫고 고쳐야 할 것입니다. 그래서 이제는 철저하게 회개하고 고치지 않으면 노아의 홍수 때와 같이 뒤집어엎는다고 하나님께서는 말씀하셨습니다. 즉 소돔과 고모라의 멸망과 노아의 홍수를 기억해야 할 것입니다. 우리도 바로 서지 못하면 말씀에 "인자의 때는 롯의 때와 같고 노아의 때와 같다" 라고 하셨습니다. 그러나 롯의 때와 같고 노아의 때와 같을지라도 하나님께 구하여야 할 것입니다.

"나 같으면 하나님께 구하고 내 일을 하나님께 의탁하리라"(욥 5:8).

또한 말씀하시길 "나는 여호와라 나 외에는 다른 신이 없느니라"고 하셨습니다. 하나님 외에는 다른 신이 없습니다. 우리가 분명히 알아야 할 것은, 귀신은 사람들이 만들어서 그 귀신을 섬기는 것이지 스스로 있는 신이 아니라는 것입니다. 결국 하나님을 모르고 하나님의 영을 떠난 자는 사탄에 속할 수밖에 없는 것이지요.

그래서 저는 박사니 교사니 하는 세상의 지식인은 겁이 나지 않아요. 자기 힘에 의지하는 세상 지식은 그것뿐이니까요. 그러나 하나님을 경외하고 하나님의 것을 최고로 여기는 자는 세상 지식이 없어도 하나님께서 지도하시고 인도해 주신다는 것이지요. 인간이 자기를 높이고 자기를 나타낸다는 것은 이제 세상 끝이 다 되었다는 거죠. 왕들이, 지도자들이, 목자들이, 성도들이 남보다 자기를 세우고 자기를 자랑하니 과연 하나님께서 얼마나 더 보고 계실까 걱정입니다.

"너 인자야 주 여호와 내가 이스라엘 땅에 대하여 말하노라 끝났도다 이땅 사방의 일이 끝났도다 이제는 네게 끝이 이르렀나니 내가 내 진노를 네게 발하여 네 행위를 국문하고 너의 모든 가증한 일을 보응하리라"(겔 7:2~3).

지금 모략으로 보응을 받고 있다는 것입니다. 우리 한국 왕들이 인류의 대표로 심판을 받았으니 인류를 살려낼 것을 역사하는 말씀입니다. 이제 그 하나님께서 역사를 돌리고 계시는 것입니다. 그러나 그것도 모르고 많은 세계인들은 한국이 왜 그렇게 침략과 전쟁으로 또한 여러 가지로 망신만 당하는 나라인가? 하고 생각할 것입니다. 많은 왕과 지도자들이 감옥에도 가고 쫓겨나기도 했습니다. 그렇지만 그들이 잘못 정치하고 사람 생각으로 정치를 했음에도 하나님께서 구속의 은혜로 지금까지 보살펴 주시고 보호하셨다는 것을 깨달아야 할 것입니다.

이제 우리 한국의 왕들이 인류의 대표로 심판을 받았으니 인류를 살려내는 역사가 시작될 것입니다. 이러한 일을 알리고 깨우쳐서 다시는 이런 오류를 범하지 못하게끔 하기 위해 하나님께서 주신 말씀을 받아서 이렇게 선포하고 기록하는 것입니다. 아멘.

6. 한국 지도자의 경고

하나님께서 말씀하셨습니다. 한국의 역대 지도자가 심판 받는 것을 하나님께서 말씀하시고 그 한 말씀 한 말씀을 깨닫고 기록하여 그들을 깨우치라고 하시면서 말씀을 주셨습니다.

"인자야 내가 너를 이스라엘 족속의 파수꾼으로 세웠으니 너는 내 입의 말을 듣고 나를 대신하여 그들을 깨우치라"(겔 3:17).

믿음의 잠을 자는 미련한 자의 잠을 깨우기 위해서 세상에 가장 미련하고 둔하며 숫자도 모르고 제 이름자도 쓸 줄 모르게 하시면서 글을 못 배우게 하셨던 하나님께서 이러한 글을 쓰게 하신 것입니다. 하나님께서는 무에서 유를 창조하시고 불가능을 가능케 하시는 분, 물을 포도주로 만드시는 하나님이시라는 믿음을 갖게 하셨습니다. 그래서 저 같은 사람을 쓰시고, 사람은 믿을 수 없어도 하나님만은 믿게 하신다는 것을 깨달았습니다.

믿음은 들음에서 난다고 하신 것처럼 하나님의 말씀을, 하나님의 경고의 소리를 들려주고 전해야 하는 게 저의 사명임을 알았습니다. 그때 그 마음으로 하나님께서 나라를 위해 저에게 주신 사명이니 즐거우나 괴로우나 나라를 사랑하고 구하는 마음으로 평생을 두고 전하지만 남에게 이야기해도 알아주지 않고 식구들도 몰라주니 속만 탈 뿐이지요.

그동안은 몇 자씩 적고 기록한 것을 가지고 남에게 전했지만 무슨 뜻인지를 몰라 상대조차 해주지 않는 것이었습니다. 멸시를 당하며 혼자만 가슴을 찢으면서 애를 태우다가 이제는 더 이상 방치하거나 연기할 수 없다는 결심으로 이렇게 주위의 도움으로 재정리하여 글로써 전하며 선

포함니다.

아무튼 나라가 평안해야 개인의 가정도 평안하고 교회도 평안하고 신앙생활도 제대로 할 수 있다는 것을 깨달아야 할 것입니다. 전쟁과 환난 그리고 사회의 각종 범죄가 없어지려면 하나님 말씀이 바로 서야 한다는 것입니다. 그 일을 위해서는 우리 믿는 자와 목자들과 지도자들이 하나님을 경외하며 나보다는 남을 먼저 생각하고 사랑하는 마음의 사회와 국가가 되어야 하나님께서 복을 주신다는 것이지요.

"여호와를 자기 하나님을 삼은 나라 곧 하나님의 기업으로 빼신바 된 백성은 복이 있도다"(시 33:12).

그렇게 하나님을 섬기는 나라가 되어야 하나님께서 보호하십니다.

"태초에 하나님이 천지를 창조하시니라"(창 1:1).

천지를 창조하시고 우리 인간을 창조하신 하나님, 우리 인간의 생사화복을 주관하시는 그 하나님을 우리는 바로 알고 그 뜻을 순종해야 하겠습니다.

"하나님의 말씀과 기도로 거룩하여짐이니라"(딤전 4:5).

하나님 안에서 하나님 말씀으로 양육받고 보호받아야 하나님의 참 백성이라고 하셨습니다.

"주의 말씀은 내 발에 등이요 내 길에 빛이니이다"(시 119:105).

"말씀이 육신이 되어 우리 가운데 거하시매 우리가 그 영광을 보니 아버지의 독생자의 영광이요 은혜와 진리가 충만하더라"(요 1:14).

예수님은 말씀이 육신이 되어 오셨다고 하셨습니다. 이 말씀이 곧 예수님이시라고 하십니다.

"태초에 말씀이 계시니라 이 말씀이 하나님과 함께 계셨으니 이 말씀은 곧 하나님이시니라"(요 1:1).

말씀으로 오시고 말씀으로 세계를 창조하셨고 말씀으로 모든 것을 하셨기 때문에 하나님의 말씀이 곧 하나님이시지요.

"영생은 곧 유일하신 참 하나님과 그의 보내신 자 예수 그리스도를 아는 것이니이다"(요 17:3).

"오직 우리의 시민권은 하늘에 있는지라 거기로서 구원하는 자 곧 주 예수 그리스도를 기다리노니"(빌 3:20).

그 하나님의 나라를 사모하는 마음으로 세상도 살아야 합니다. 신앙인들, 성도들의 실수도 많지만 지도자들인 목자들이 더 큰 실수들을 한다는 사실입니다.

"어찌하여 열방이 분노하며 민족들이 허사를 경영하는고"(시 2:1).

"너는 나 외에는 다른 신들을 네게 있게 말지니라"(출 20:3).

청와대로 보낸 10통의 편지

우리나라는 왕들이 바로 섰어야 했는데 그렇지 못한 게 이 나라 환난의 가장 큰 요인이라 할 수 있겠습니다. 고 박정희 대통령 때 나라 일들로 제가 10차례 정도 청와대로 편지를 써서 보낸 적이 있었습니다.

1970년대 그때만 해도 돈이 있어도 쌀을 마음대로 살 수가 없었습니다. 작은오빠가 통일벼를 해야 쌀 수확이 많이 나온다고 해서 했는데 쌀이 남아돌아가자 막걸리를 하라고 박정희대통령께서 말씀하셨습니다. 네 형제는 굶어죽고 있는데 쌀이 남아돈다고 막걸리를 하라고 하니까 하나님께서 질책하셨습니다. 하나님께서는 쌀이 없어서 밥을 못 먹는 나라도 있는데 쌀이 남는다고 술을 만드는 것은 결국 술은 사람을 취하게 하여 이성을 잃게 하는 것이니 죄의 모습이라는 것이었습니다. 그 일로 인해 80년대 여름에 이상기온으로 겨울옷이 등장하고 농작물도 이상기온으로 병들어 흉년이 들었던 적이 있습니다. 흉년이 들자 동네 사람들의 얼굴은 모두 죽을상을 하고 있었습니다. 그래서 제가 하나님께 기도하며 하나님 1년만 흉년이 들어도 저렇게 사람들 얼굴이 죽을상인데 얼마나 더 이런 재난이 옵니까? 기도하는데 주시는 말씀이, "만군의 여호와가 이미 말하여 이르기를 너희는 진실한 재판을 행하며 피차에 인애와 긍휼을 베풀며"(슥 7:9)였습니다.

하나님의 백성들이 하나님의 말씀을 듣지 않으려고 등을 돌렸다는 것입니다. 지금도 말씀을 전하면 사람들이 안 들으려고 합니다. 듣는 사람도 있지만 대부분 안 들으려고 하지요. 그러니까 "회리바람으로 그들을 그 알지 못하던 모든 열국에 헤치리라 한 후로 이 땅이 황무하여 왕래하는 사람이 없었나니 이는 그들이 아름다운 땅으로 황무하게 하였음이니라 하시니라"(슥 7:14).

회리바람으로 휩쓰니까 여름에 겨울 스웨터가 나오고 추위가 닥쳤습니다. 이렇게 하나님을 망각하고 잘못 살면 하나님께서는 보호하시고 축복할 수 없다는 교훈을 깨달아야 할 것입니다.

"나 여호와가 말하노라 그날에 왕과 방백들은 실심할 것이며 제사장들은 놀랄 것이며 선지자들은 깜짝 놀라리라"(렘 4:9).

"주 여호와께서 가라사대 보라 날이 이를지라 내가 기근을 땅에 보내리니 양식이 없어 주림이 아니며 물이 없어 갈함이 아니요 여호와의 말씀을 듣지 못한 기갈이라"(암 8:11).

"내 백성이 지식이 없으므로 망하는도다 네가 지식을 버렸으니 나도 너를 버려 내 제사장이 되지 못하게 할 것이요 네가 네 하나님의 율법을 잊었으니 나도 네 자녀들을 잊어버리리라"(호 4:6).

"누구든지 다른 교훈을 하며 바른 말 곧 우리 주 예수 그리스도의 말씀과 경건에 관한 교훈을 착념치 아니하면"(딤전 6:3).

그는 교만해지고 말씀을 떠나 잘못될 것이라고 하셨습니다.

"여호와를 경외하는 것이 지식의 근본이어늘 미련한 자는 지혜와 훈계를 멸시하느니라"(잠 1:7).

"나의 책망을 듣고 돌이키라 보라 내가 나의 신을 너희에게 부어주며 나의 말을 너희에게 보이리라"(잠 1:23).

하나님의 말씀과 기도로 거룩한 생활을 하기 위해서 하나님의 말씀을 많이 연구하고 교훈으로 받아야 합니다. 이런 것이 참 하나님 백성의 모습이라는 것이지요. 이 일을 위해 부족한 저를, 정말 쑥맥 같은 저를 보시고 "너는 글을 배워서는 안 된다" 고 하셨습니다. 그러나 이런 일들을 위해서 언젠가 글을 배우지 않으면 병이 될 것이라고 하시면서 약간의 글을 배우게 되었습니다.

혼자 성경의 글자를 그리면서 글을 배웠습니다. 그렇게 글을 배웠고 하나님께서 이 일을 시키시는데 제가 제대로 교육을 받아서 하나님의 일을 했다면 모두들 누구나 할 수 있는 것이라고 할 수 있었겠지만 제 이름조차도 쓸 줄 몰랐던 사람이 이렇게 하나님의 말씀을 기록할 수 있다는 것은 기적이고 하나님의 섭리라 생각합니다.

"주 여호와께서는 자기의 비밀을 그 종 선지자들에게 보이지 아니하시고는 결코 행하심이 없으시리라"(암 3:7).

말씀의 사역자들에게 알리지 않고는 하나님께서 일을 안 하신다는 것입니다. 그래서 부족한 저도 도구로 쓰셔서 성령의 도우심으로 이 시대에 말씀을 증거 하게 하셨음을 감사드립니다.

성령훼방죄

고 박정희 대통령은 국가적으로는 많은 일을 하셨지만 성령을 훼방하고 각종 기도원들을 헐며 교회를 핍박한 것으로 심판을 받았구나 하고 생각해 봅니다. 성령을 훼방하면 "누구든지 성령을 훼방하는 자는 사하심을 영원히 얻지 못하고 영원한 죄에 처하느니라 하시니"(막 3:29), "저를 믿는 자는 심판을 받지 아니하는 것이요 믿지 아니하는 자는 하나님의 독생자의 이름을 믿지 아니하므로 벌써 심판을 받은 것이니라"(요 3:18).

하나님께서는 만세 전에 택한 백성들의 끝맺음을 이제는 하시는구나 생각합니다. 이런 예언의 말씀으로 주시는 내용을 전에는 창호지에다 커다란 펜으로 써서 가지고 다니며 남에게 보여주곤 하였습니다. 그러다 어느 장로님께서 글을 읽으시는데 그 장로님 부인이 보시고 깜짝 놀라면서 하시는 말씀이 간밤의 꿈에 어느 여자가 큰 종이에다가 글을 써가지고 온 것을 읽는데 그냥 한국사람, 미국사람, 각국 나라 사람에게 붙은 귀신들이 뚝뚝 떨어지더라는 것입니다. 그리고서는 이것은 보통 글이 아니라는 것이었습니다.

제가 그 각 사람에게 붙은 귀신이 뚝뚝 떨어졌다는데 그 뜻이 무엇인지 몰라 성령께 기도하는 중에 주시는 말씀이 "많은 사람에게 붙었던 더러운 귀신들이 크게 소리를 지르며 나가고 또 많은 중풍병자와 앉은뱅이가 나으니"(행 8:7). 하나님을 믿고 말씀을 믿으면 아! 정치가들이 깨닫게 되고 모든 사람이 깨닫게 되고 각 나라 사람들도 깨닫게 된다는 것이구

나! 이렇게 하나님께서는 앞으로의 일들을 예비해 놓으신 것을 깨달았습니다.(계 5:4~5)

또 주시는 말씀이 "제자들의 마음을 굳게 하여 이 믿음에 거하라 권하고 또 우리가 하나님 나라에 들어가려면 많은 환난을 겪어야 할 것이라 하고"(행 14:22). "고난당하기 전에는 내가 그릇 행하였더니 이제는 주의 말씀을 지키나이다"(시 119:67).

이렇게 우리나라를 시련과 고난 속에서 훈련시키시는 것은 하나님의 백성으로서의 모습과 복을 주시기 위한 것임을 우리는 알아야 하겠습니다.

"그때에 인자의 징조가 하늘에서 보이겠고 그때에 땅의 모든 족속들이 통곡하며 그들이 인자가 구름을 타고 능력과 큰 영광으로 오는 것을 보리라"(마 24:30).

이러한 일들은 김영삼 정권 때에도 임했던 말씀입니다. 세상 사람들이 김영삼 전 대통령을 재수 없는 왕이라고 말들을 많이 했습니다. 열차 사고, 비행기 사고, 바다의 배사고, 성수대교 붕괴사고, 아현동 가스폭발사고, 삼풍백화점 붕괴사고 등 대형 사고들이 잇달아 일어났습니다.

"너희에게 이르노니 아니라 너희도 만일 회개치 아니하면 다 이와 같이 망하리라"(눅 13:3).

물론 대통령에게도 책임이 있다 하겠으나 말세에 이 나라 이 백성이 회개치 아니함이요 일련의 사건들로 정치지도자와 종교지도자들에게 들려주는 경종이라 할 수 있겠습니다. 그러나 위에서부터 아래까지 하나님의 말씀에 순종하면 "내가 너로 이 백성 앞에 견고한 놋 성벽이 되게 하리니 그들이 너를 칠지라도 이기지 못할 것은 내가 너와 함께 하여 너를 구하여 건짐이니라 여호와의 말이니라"(렘 15:20).

"내 이름을 경외하는 너희에게는 의로운 해가 떠올라서 치료하는 광선을 발하리니 너희가 나가서 외양간에서 나온 송아지같이 뛰리라"(말 4:2).

또한 말씀을 받고 기도하면서 지금의 대통령께서도 부족한 점이 있으면 어떻게 하시렵니까? 하고 물으니 하나님께서 말씀하시기를 그것은 고치면 되지 않겠느냐고 하셨습니다.

“여호와께서 그 손을 내밀어 내 입에 대시며 내게 이르시되 보라 내가 내 말을 네 입에 두었노라”(렘 1:9).

하나님을 전적으로 의뢰하시면 하나님은 이 어려운 현실을 타파하도록 대통령의 입에 말씀을 주셔서 처리하시도록 하셨으면 하고 생각하면서 “너희 패역한 자들아 이 일을 기억하고 장부가 되라 이 일을 다시 생각하라”(사 46:80).

이제 대통령께서는 옛 일을 기억하고 장부가 되어 불의를 제거하고 하나님이 기뻐하시는 곧 정의와 공의가 강같이 하수같이 흘러넘치는 나라가 되게 하는 지도자가 되라 하시지만 “예수께서 저희 생각을 아시고 가라사대 스스로 분쟁하는 나라마다 황폐하여질 것이요 스스로 분쟁하는 동네나 집마다 서지 못하리라”(마 12:25).

즉, 서로 물고 먹으면 피차 서로 망한다는 말씀입니다.

“형제들아 서로 원망하지 말라 그리하여야 심판을 면하리라 보라 심판자가 문밖에 서 계시니라”(약 5:9).

서로 마음을 같이 하여 협력하기를 원하십니다. 그래야 살고 승리한다고 말씀하십니다.

7. 세계평화를 이루자

“솔로몬 왕이 하나님의 백성들을 위하여 지혜를 구하므로 하나님의 마음에 맞는지라 지혜와 부귀와 영화도 주셨지만 그 부귀와 영화를 국가와 백성들을 위해서 쓰지 않고 잘못 사용하니까 하나님께서는 솔로몬이 마음을 돌이켜 이스라엘 하나님 여호와를 떠나므로 여호와께서 저에게 진노하시니라 여호와께서 일찍이 두 번이나 저에게 나타나시고 이 일에 대하여 명하사 다른 신을 좇지 말라 하셨으나 저가 여호와의 명령을 지키지 않았으므로 여호와께서 솔로몬에게 말씀하시되 네게 이러한 일이 있었고 또 네가 나의 언약과 내가 네게 명한 법도를 지키지 아니하였으니 내가 결단코 이 나라를 네게서 빼앗아 네 신복에게 주리라 그러나 네 아비 다윗을 위하여 네 세대에는 이 일을 행치 아니하고 네 아들의 손에서 빼앗으려니와”(왕상 11:9~12).

즉 우리는 이 말씀을 심각하게 생각해야 할 것입니다. 과연 솔로몬과 같은 지혜, 이제까지 솔로몬 이전과 이후에도 없었던 그 엄청난 지혜를 주셔서 솔로몬을 높여 주셨습니다. 이렇게 두 번이나 하나님께서 경고하셨지만 솔로몬은 하나님을 거역하고 우상을 섬기며 수많은 여인을 취하여 쾌락으로 빠져버렸습니다. 하나님께서는 당장 솔로몬의 손에서 나라를 빼앗아야 하겠지만 그 아비 다윗이 하나님께 충성했으므로 솔로몬에게서는 나라를 빼앗지 아니하겠고 그 후손에게서 나라를 빼앗겠다고 하셨습니다. 그 말씀을 기억하며 우리 이 시대도 이 나라가 일본에게 나라를 빼앗겨 고통당했던 사실을 생각해 봅니다.

일제 치하에서 우리나라 국민들 이름까지도 강제로 바꾸고 농사짓는 목화송이까지도 세며 집안의 놋그릇이며 수저까지도 수탈해 갔음을 기억합니다. 그렇게 말로 다할 수 없는 고통과 학대와 수탈을 당한 일들을 생각해 봅니다.

"나 여호와가 말하노라 이스라엘 족속아 보라 내가 한 나라를 원방에서 너희에게로 오게 하리니 곧 강하고 오랜 나라이라 그 방언을 네가 알지 못하며 그 말을 네가 깨닫지 못하느니라 그 전통은 열린 묘실이요 그 사람들은 다 용사라 그들이 네 자녀들의 먹을 추수 곡물과 양식을 먹으며 네 양떼와 소떼를 먹으며 네 포도나무와 무화과나무 열매를 먹으며 네가 의뢰하는 견고한 성들을 칼로 파멸하리라"(렘 5:15~17).

우리나라를 일제치하에서 고통당하게 하신 것도 보면 하나님께서 이를 통해 하나님의 마음에 맞지 않고 뜻에 맞지 않음을 깨닫게 하기 위함입니다. 하나님께서 주시는 말씀을 통해 다시는 이러한 고통을 당하지 않고 전쟁이 없는 나라에서 하나님의 백성으로서 살아갈 수 있도록 하기 위해서 말씀을 전합니다. 우리가 하나님을 바로 알고 지키면 추수한 것을 우리 백성들이 다 먹겠고 나라를 완전히 망하게는 하지 않겠다는 말씀입니다. 하나님께서는 우리나라를 연단시키시고 깨우쳐 주시기 위해서 이러한 시련을 주셨던 것입니다. 이는 '사 62:6~12'의 말씀을 통해 알 수 있습니다.

"예루살렘이여, 내가 너의 성벽위에 파수꾼을 세우고 그들로 종일 종야에 잠잠치 않게 하였느니라 너희 여호와로 기억하시게 하는 자들아 너희는 쉬지 말며 또 여호와께서 예루살렘을 세워 세상에서 찬송을 받게 하시기까지 그로 쉬지 못하시게 하라."

"여호와께서 그 오른손, 그 능력의 팔로 맹세하시되, 내가 다시는 네 곡식을 네 원수들에게 식물로 주지 아니하겠고 너의 수고하여 얻은 포도주를 이방인으로 마시지 않게 할 것인즉 오직 추수한 자가 그것을 먹고 나 여호와를 찬송할 것이요. 거둔 자가 그것을 나의 성소 뜰에서 마시리라 하셨느니라."

"성문으로 나아가라 나아가라 백성의 길을 예비하라. 대로를 수축하고 수축하라 돌을 제하라 만민을 위하여 기를 들라."

"여호와께서 땅 끝까지 반포하시되 너희는 딸 시온에게 이르라 보라 네 구원이 임하느니라 보라 상급이 그에게 있고 보응이 그 앞에 있느니라 하셨느니라."

"사람들이 너를 일컬어 거룩한 백성이라 여호와의 구속하신 자라 하겠고 또 너를 일컬어 찾은바 된 자요. 버리지 아니한 성읍이라 하리라."

하지만 이러한 힘든 시대를 살지 않은 젊은 세대는 그때의 고통을 단지 교과서를 통해서만 느낄 뿐입니다. 그 당시 일제치하에서 받았던 설움과 고통과 고문을 겪었던 세대는 결코 잊을 수 없는 아픔이었지만, 현대인들은 그 아픔을 다 느낄 수는 없을 것입니다.

전쟁없는 남북통일

1950년도에 저는 12살의 어린 나이였습니다. 비몽사몽간에 하나님께서 백두산에 오르게 하시고 세상을 내려다보게 하시는데 온통 세상이 황량하게 메말라 보였습니다. 그것은 사람들의 마음이 하나님을 떠나 있다는 것을 말합니다. 그 후에 6 · 25가 터졌고, 그 난리 속에서 온 세상은 폭격을 맞아 불바다가 되었고 폐허가 되었습니다. 동네 사람들은 모두 전쟁에 동원되었습니다. 전쟁으로 건물은 파괴되고 나라가 황폐해져 가며 사람들이 수도 없이 죽어가는 것을 보면서 12살이었던 저는 가슴속으로 또 다시는 이런 비극이 있어서는 안 된다고 생각하면서 그때부터 남북통일을 염원했습니다.

그때는 그저 가슴이 찢어지는 듯한 안타까움뿐이었습니다. 어떻게 하면 전쟁이 없는 나라가 되고 한 민족이 평화롭게 살 수 있는 세상이 오나 하는 생각뿐이었습니다. 그러다보니 가정생활은 항상 뒷전이고 말씀을 전하며 전도하는 게 제 인생의 목표가 되었습니다. 그래서 늘 그 일을 위해 기도하며 말씀을 묵상하는 중에 성령께서 말씀으로 주시고 인도하심으로 저는 제가 받은 말씀을 기록하고 전하는 일을 제 사명으로 여기고 지금까지 왔습니다.

"여호와께서 사람의 죄악이 세상에 관영함과 그 마음의 생각의 모든 계획이 항상 악할 뿐임을 보시고 땅 위에 사람 지으셨음을 한탄하사 마음에 근심하시고"(창 6:5).

자녀들이 부모에게 효도하고 동기간에는 우애가 있고 사회에선 성실한 사회인으로 생활하면 부모들이 흐뭇하지만, 부모에게 불순종하고 변변치 못한 인생을 살아가면 부모 마음이 얼마나 아프겠습니까?

짐승은 보기 싫으면 잡아먹거나 팔아 버리면 되지만 사람의 자식은 그럴 수도 없고 평생 원수 같은 존재지요. 그런 뜻에서 하나님께서도 하나님의 백성들이 지혜롭게 하나님의 성품을 따라 겸손하고 온유하게 잘 살아가면 더욱더 복을 주시겠다고 하셨습니다. 그러나 그렇지 못하면 "땅에 사람 지으신 것을 한탄하시고 노아홍수 때에 여덟 식구만 남기고 멸하신 사건"처럼 하신다고 우리에게 경고하십니다.

저는 늘 생각하기를 나라가 바로 서고 백성들이 하나님께 순종하면 하나님께서는 그 백성에게 복을 내리셔서 기쁨의 삶을 살 수 있을 텐데, 백성들의 마음이 하나님으로부터 멀어지고 자신의 쾌락과 목적을 위해 살아가면 나라가 어지럽게 되고 이렇게 전쟁의 위협 속에서 살게 되는구나 하는 걱정을 합니다.

이런 걱정에 어느 날은 숨이 넘어가는 듯한 고통으로 방에 앉아 기도를 드리는데 성령께서 주시는 말씀이, 하나님을 떠난 음녀들이 많다고 하시며 그러니까 하나님을 떠난 음녀들이 이 땅에 가득 찼다는 거예요. 우리는 음녀처럼 하나님을 떠나 살아가고 있고 이웃과 원수를 맺고 살았구나 하는 생각을 하게 됐습니다.

"또 일곱 대접을 가진 일곱 천사 중 하나가 와서 내게 말하여 가로되 이리 오라 많은 물 위에 앉은 큰 음녀의 받을 심판을 네게 보이리라"(계 17:1).

하나님께서는 우리에게 두 가지 계명을 주셨습니다. 그 지켜야 할 계명이 너를 창조하신 하나님을 사랑하고 네 이웃을 네 몸과 같이 사랑하라는 것입니다. 그러나 그 두 가지 계명을 우리는 지키지 못하기 때문에 이 땅에 늘 재앙이 오고 있다는 사실입니다.

"노아의 때에 된 것과 같이 인자의 때에도 그러하리라"(눅 17:26). 성경을 통해 하나님의 깊은 뜻을 알고 보면 이것이 맞는 이야기란 것을 알 수 있습니다. 노아 때와 같은 그 시절에 여덟 식구만이 구원을 받았는데 인자의 때에는 몇 사람이나 구원을 받을 것이냐 하는 뜻에서 "이스라엘 자손이 또 여호와의 목전에 악을 행하였으므로 여호와께서 칠년 동안 그들을 미디안의 손에 붙이시니"(삿 6:1).

이스라엘 백성들을 하나님께서는 칠 년 동안 미디안 손에 붙이셨는데 우리나라는 수십년이 가까운 세월을 북한 김일성과 김정일 부자에게 붙이셨으니 이 얼마나 기가 막힌 일입니까? 수십년이면 한 인간의 일생이라고도 할 수 있는 긴 세월인데 평화를 못 보고 사니 말입니다. 저는 지금도 비행기 소리를 들으면 6 · 25전쟁 때의 폭격기 생각이 납니다. 저뿐 아니라 많이 사람들이 전쟁의 공포에서 벗어나지 못하는 이유를 우리는 깨달아야 하겠습니다.

"너희 장정은 칼에, 너희 용사는 전란에 망할 것이며"(사 3:25).

이처럼 6 · 25 전쟁 때에도 많은 젊은이들이 목숨을 잃었습니다. 많은 부모들은 자식을 잃은 슬픔을 가슴에 묻고 평생을 살아가고 있습니다. 이런 비극이 다시 일어나지 않기 위해서는 하루속히 남북이 통일이 되어야 할 것이며 그 통일을 위해서는 우리 모두가 하나님 앞에 돌아와 하나님의 이름으로 화합되는 길입니다. 이를 하나님께서는 책임져 주시며 평화를 주신다는 것입니다.

"또 여호와의 구원하심이 칼과 창에 있지 아니함을 이 무리로 알게 하리라 전쟁은 여호와께 속한 것인즉 그가 너희를 우리 손에 붙이시리라"(삼상 17:47).

이제 칼과 무기에 의지하여 싸움에 이기는 것이 아니고 그 전쟁의 주관자이신 하나님을 바로 알라는 말씀입니다. 그러면 이럴 때 우리는 어떻게 살아야 하는 걸까요?

말씀에 여호와를 찾으면 살리라고 하셨습니다.

"너희는 여호와를 찾으라 그리하면 살리라 염려컨대 저가 불 같이 요셉의 집에 내리사 멸하시리니 벧엘에서 그 불들을 끌 자가 없을까 하노라"(암 5:6).

즉 남북회담을 1972년 7월 4일부터 했지만 그때 그 당시에도 판문점에 왔다 갔다 하니까 금방 통일이 될 것처럼 보이지 않았습니까? 그러나 그 와중에도 북한은 땅굴을 파고 배로 남침하는 등 갖가지 수단을 가리지 않고 여러 가지 방법으로 남한을 해하고자 하였고 남한은 이에 대비하여 예비군을 조직하는 등 남침을 막고자 준비하곤 했습니다. 이 모든 일은 성경말씀처럼 되었습니다.

"이 두 왕이 마음에 서로 해하고자 하여 한 밥상에 앉았을 때에 거짓말을 할 것이라 일이 형통하지 못하리니 이는 작정된 기한에 미쳐서 그 일이 끝날 것임이니라"(단 11:27).

이 회담이 1972년부터 진행되어 왔지만 번번이 실패로 끝난 것은 말씀처럼 두 왕이 서로 해하고자 하는 마음을 가지고 그동안 남북회담을 했기 때문에 오늘날까지 진전되지 않은 것입니다.

말씀에 에스더가 왕에게 죽으면 죽으리라는 결심으로 말씀을 드린 심정으로 저는 대통령에서부터 회담에 관계되는 지도자분들께 이 말씀을 전하기를 원합니다.

자나깨나 나라사랑

하나님께서는 저에게 말씀하시기를, 괴로우나 즐거우나 나라를 사랑하라고 하셨습니다. 남북회담을 할 때면 저는 마음에 뭔가가 치미는 것이 느껴집니다. 성령의 불이 타올라 마음이 안정이 되지 않을 때도 많습니다. 집안 일을 해도 죽을 사람이 천지인데 하는 생각에 집안 일이 손에 잡히질 않습니다. 그 마음을 누가 알겠습니까? 하나님만이 아시지 사람은 모를 것입니다.

"슬프고 아프다 내 마음속이 아프고 내 마음이 답답하여 잠잠할 수 없으니 이는 나의 심령 네가 나팔 소리와 전쟁의 경보를 들음이로다 패망에 패망이 연속하여 온 땅이 탈취를 당하니 나의 천막은 홀연히 파멸되며 나의 휘장은 잠시간에 열파되도다"(렘 4:19~20).

이처럼 전쟁이 경보와 패망으로 온 땅이 탈취를 당하고 우리의 천막은 파멸된다는데 어찌 마음이 슬프고 아프지 않겠습니까? 마음이 편할 수가 없는 것입니다. 지금 이 시대에도 전쟁이 난다면 남녀노소 누구다 다 전쟁터로 가야겠지요. 얼마나 많은 생명이 나라를 위해 희생이 되겠습니까? 우리는 하나님께서 하시는 경고의 말씀을 누가 알아주던 몰라주던 전해야 합니다.

"남북의 창조하신 분은 여호와 하나님이시라고 하셨습니다. 남북뿐만 아니라 인류 세계를 창조하셨고 모든 만물의 주관자이신 그 하나님께서 말씀하시길"(시 89:12).

"여호와께서 내게 이르시되 재앙이 북방에서 일어나 이 땅의 모든 거민에게 임하리라 나 여호와가 말하노라 내가 북방 모든 나라의 족속을 부를 것인즉 그들이 와서 예루살렘 성문 어귀에 각기 자리를 정하고 그 사면 성벽과 유다 모든 성읍을 치리라"(렘 1:14~15).

우리나라가 진정한 마음으로 하나님을 경외하지 않고 말씀 안에서 순종하지 않는다면 북쪽 군대를 들어서 예루살렘부터 친다고 하십니다. 즉 하나님의 법을 알고 있는 교회와 교인부터 친다는 것입니다.

교회가 먼저 바로 서야 하며 그리스도인이 바로 서야 하며 하나님의 증거자들이 바로 서야 하는데 그렇지 못하니까 교회부터 치는 것입니다. 이러한 엄청난 경고의 말씀을 듣고서도 이 땅의 먼저 믿은 그리스도인들이 역사 앞에 온전히 바로 서지 못하고 있는 것은 우리는 알고 있지만 설마하고 남의 이야기처럼 생각하니 큰일인 것입니다. 하나님은 사랑이 많으셔서 온 인류를 사랑하시고 독생자 예수 그리스도를 우리를 대신하여 보내셨지만 이스라엘 백성들처럼 멸하시기도 하십니다.

"이스라엘이 아말렉과 싸울 때 모세가 팔을 내리면 이스라엘이 지고 팔을 올리고 기도하면 이스라엘이 이긴 것처럼 기도하고 하나님께 간구하면 하나님께서는 이기고 지는 것이 하나님의 손에 있음을 깨닫고 우리는 나라와 주의 백성을 위해 중보의 지도자가 되어야 할 것입니다"(출 17:11).

어느 날 집에서 TV를 보고 있는데 마음속에서 불이 나는 것 같았습니다. 한가하게 TV나 보고 있는 나를 하나님께서는 한심하게 생각하셨던 것 같았습니다. 남편을 통해 찌르는 것이었습니다. 남편이 말하기를 "당신 TV보는데 속에서 불이 나지?"라는 것이었습니다. 어떻게 남편이 내 마음을 알았을까? 그래 속에서 불이 난다고 속으로 생각하며 하루를 보냈는데 그날 밤 꿈에 상이군인들이 손에 갈퀴를 하고 제 얼굴을 할퀴는 것이었습니다. 그 뜻이 무엇인지 알지도 못하여 하나님께 밤새도록 기도를 드렸습니다.

"여호와께서 이같이 말씀하시되 보라 한 민족이 북방에서 오며 큰 나라가 땅 끝에서부터 떨쳐 일어나나니 그들은 활과 창을 잡았고 잔인하여 자비가 없으며 그 목소리는 바다가 흉용함 같은 자라 그들이 말을 타고 전사같이 다 항오를 벌이고 딸 시온 저를 치려 하느니라 하시도다"(렘 6:22~23).

즉 그들은 자비가 없다는 것입니다. 그들은 용서가 없이 친다는 것입니다. 그러니 이 일을 서둘러 하라 하셨습니다. 하나님의 일을 해야 하나님께서 모든 일들을 책임져 주신다는 것입니다.

"만군의 여호와가 말하노라 사월의 금식과 오월의 금식과 칠월의 금식과 시월의 금식이 변하여 유다 족속에게 기쁨과 즐거움과 희락의 절기가 되리니 오직 너희는 진실과 화평을 사랑할지니라"(슥 8:19).

"너희는 시온에서 나팔을 불어 거룩한 금식일 을 정하고 성회를 선고하고 백성을 모아 그 회를 거룩케 하고 장로를 모으며 소아와 젖 먹는 자를 모으며 신랑을 그 방에서 나오게 하며 신부도 그 골방에서 나오게 하고"(욜 2:15~16).

이렇게 하나님께 기도하고 순종할 때 "내가 북편 군대를 너희에게서 멀리 떠나게 하여 메마르고 적막한 땅으로 쫓아내리니 그 전군은 동해로 그 후군은 서해로 들어갈 것이라 상한 냄새가 일어나고 악취가 오르리니 이는 큰일을 행하였음이니라 하시리라"(욜 2:20).

"오라 우리가 여호와께로 돌아가자 여호와께서 우리를 찢으셨으나 도로 낫게 하실 것이요 우리를 치셨으나 싸매어 주실 것임이라 여호와께서 이틀 후에 우리를 살리시며 제 삼일에 우리를 일으키시리니 우리가 그 앞에서 살리라 그러므로 우리가 여호와를 알자 힘써 여호와를 알자 그의 나오심은 새벽빛 같이 일정하니 비와 같이, 땅을 적시는 늦은 비와 같이 우리에게 임하시리라 하리라 나는 인애를 원하고 제사를 원치 아니하며 번제보다 하나님을 아는 것을 원하노라"(호 6:1~3,6).

"너는 가서 북을 향하여 이 말을 선포하여 이르라 여호와께서 가라사대 배역한 이스라엘아 돌아오라 나의 노한 얼굴을 너희에게로 향하지 아니하리라 나는 긍휼이 있는 자라 노를 한 없이 품지 아니하느니라 여호와의 말이니라"(렘 3:12).

그러니까 무엇이든지 우리가 마음을 열어 모든 대화와 회담도 하나님의 뜻을 알고 사랑으로 해야 한다는 것입니다.

"그는 우리의 화평이신지라 둘로 하나를 만드사 중간에 막힌 담을 허시고"(엡 2:14).

중간에 담을 허시고 우리가 원수 맺은 것, 내 형제와 이웃과 남북 간의 맺힌 것을 푸시는 하나님이십니다. 그러므로 우리 마음의 문을 열고 이웃을 사랑하고 하나님을 진실로 사랑하여야 하나님께서는 우리의 막힌 담을 헐어주실 것입니다.

"너의 친구 삼았던 자를 그가 네 위에 수령으로 세우실 때에 네가 무슨 말을 하겠느냐 너의 고통에 잡힘이 구로하는 여인 같지 않겠느냐"(렘 13:21).

남북한이 서로 화합하고 하나님의 진리 안에서 서로 회담한다면 하나가 되게 하나님께서 해주실 것을 믿으며 감사합시다.

"만군의 여호와께서 우리와 함께 하시니 야곱의 하나님은 우리의 피난처시로다(셀라) 와서 여호와의 행적을 볼지어다 땅을 황무케 하셨도다 저가 땅끝에서 전쟁을 쉬게 하심이여 활을 꺾고 창을 끊으며 수레를 불사르시는도다"(시 46:7~9).

"말일에 이르러는 여호와의 전의 산이 산들의 꼭대기에 굳게 서며 작은 산들 위에 뛰어나고 민족들이 그리로 몰려갈 것이라"(미 4:1).

무기가 연장으로 변하여 다시는 이 땅에 전쟁이 없게 하시는 하나님, 그 하나님께서는 우리의 모든 것을 하나로 만드시며 평화통일 되게 하실 것을 믿습니다.

한 왕이 두 나라를 한 나라로 만든다고 하셨습니다. 그 한 왕인 예수님께서 두 나라를 한 나라로 통일하신다는 것입니다. 그러므로 이제는 하나님께 순종한다면 자연적으로 통일이 될 것입니다.

8. 한국의 역사가 세계의 역사이다

세계의 안정이 한국의 평화임을 선언하며 동족의 대결이 세계의 멸망임을 선언합니다. 세계 인류는 평화가 오기를 원합니다. 어찌 인류를 지키며 살리지 않을 것인가? 온 인류를 생각하는 것이 중요하고 말씀에 육신의 생각은 하나님의 원수임을 생각하여 너도나도 서로 불쌍하게 생각할 때 한국에만 평화가 오는 것이 아니고 온 세계가 평화스럽게 되는 것입니다.

"육신의 생각은 사망이요 영의 생각은 생명과 평안이니라. 너희가 육신대로 살면 반드시 죽을 것이로되 영으로써 몸의 행실을 죽이면 살리니"(롬 8:6,13).

한국에 역사는 세계의 역사입니다. 원수를 사랑하는 것이 자기를 사랑하는 것이니 우리 칠천만 민족은 서로 전쟁을 끝내고 평화적인 통일을 이루어야 하겠습니다. 그것만이 우리가 살 길입니다.

"국가를 다스리는 세상 주관자들과 성직자들이 자기 자신의 주장만 하다가 많은 영혼을 죽이고 말씀에 이제는 세상의 끝이 되었으니"(렘 5:30). 말씀처럼 각 나라의 짐을 서로 지고(갈 6:2) 말씀에 아무 일에든지 다툼이나 허영으로 하지 말고 서로 예수님의 마음을 가지고 모든 일들을 한다면 젖과 꿀이 흐르는 천국을 소유할 것입니다.(빌 2:3).

이사야 선지자는 "너희가 즐겨 순종하면 땅의 아름다운 소산을 먹을 것이요 너희가 거절하여 배반하면 칼에 삼키우리라 여호와의 입의 말씀이니라"(사 1:19~20) 하셨습니다.

"하지만 이 말씀을 거역하면 말씀에 여호와께서 열국과 다투시며 모든 육체를 심판하시며 악인을 칼에 붙이실 것입니다"(렘 25:31).

뿐만 아니라 요즘 심각한 상황 속에서도 침묵만을 지키는 양떼들을 이끄는 목자들을 향해서도 경고를 하십니다.

목자들에 대한 외침

"너희 목자들아 외쳐 애곡하라 너희 양떼의 인도자들아 재에 굴라 이는 너희 도륙을 당할 날과 흩음을 당할 기한이 찼음인즉 너희가 귀한 그릇의 떨어짐같이 될 것이라 목자들은 도망할 수 없겠고 양떼의 인도자들은 도피할 수 없으리로다"(렘 25:34~35).

"그러므로 재를 무릅쓰고 옷을 찢지 말고 마음을 찢어 통회하고 자복하여야 한다는 것입니다. 이 같은 하나님의 경고의 말씀을 무시한다면 왕들과 제사장들과 선지자들과 모든 거민들을 서로 충돌시켜 상하게 하고 그들을 불쌍히 여기지 않고 관용치 아니하며 아끼지 아니하고 멸하실 것이며 하나님의 심판을 당할 것입니다"(렘 13:13~14)라고 하셨습니다. 하나님은 다시 말씀하십니다.

"너희는 들을지어다, 귀를 기울일지어다, 교만하지 말지어다, 여호와께서 이같이 말씀하시느니라 너희가 이를 듣지 아니하면 나의 심령이 너희 교만을 인하여 은근히 곡할 것이며 여호와의 양무리가 사로잡힘을 인하여 눈물을 흘려 통곡하리라"(렘 13:15,17).

"말씀의 순종이 제사보다 낫고 듣는 것이 수양의 기름보다 낫다고 하셨습니다"(삼상 15:22).

"순종하면 가지각색 복을 받을 것이고 불순종하면"(사 1:19) "거절하면 칼에 삼키울 것이고"(사 1:20) "말씀에 북방의 군대를 불러서 모든 성읍을 칠 것이라고 하셨습니다"(렘 1:15).

"한국의 성직자들 · 국가위정자들 모두가 여호와 하나님의 뜻을 따라 백성들을 다스린다면 하나님은 민족을 통일시킬 것입니다"(엡 4:5). "오직 예수 그리스도만이 그분의 피 흘림을 통해서 하늘에 있는 것과 땅에 있는 것을 하나로 통일될 수가 있는 것입니다"(엡 1:7,9,10).

"오직 하나님만을 찾아야 살 수 있고(암 5:6) 이 세상에는 여호와만 하나님이시고 그 외에는 없는 것을 만민이 알아야 할 것입니다"(왕상 8:60).

이 땅의 기독교인들은 언제나 어디서나 이러한 하나님의 말씀과 경고를 전해야 하는 사명을 받았음을 기억하고 실천해야 할 것입니다(계 10:11).

하나님은 부흥사들이 부흥회 때 호텔에서 묵으면서 호의호식하는 것을 무척이나 질책하시며 꾸짖으십니다. 제가 이렇게 말씀을 전하면 어떤 목사님들은 미친 사람 취급할 때도 있습니다. 한번은 어느 교회에서 말씀을 전하는데 그 교회 사모님이 맨 뒤에 앉아 계셨습니다. 그런데 그 사모님 앞에 말씀이 뚜렷이 박혀 있는 것이었습니다.……

9. 한 · 일 관계를 평화롭게

제가 하나님께 감사한 것은 한국이 미국을 통해서 생명의 복음을 전도받았고, 또 여러 가지 원조도 많이 받고 미국의 많은 도움을 통해서 한국이 발전할 수 있었던 것에 감사드립니다. 부시 대통령께도 더욱 감사드립니다. 2008년 8월 원상복귀 시켜주심을 감사하며, 앞으로도 기도와 도움을 통해서 세계 여러 나라를 책임지시고 도와주신 것 감사드립니다.

현재 일본은 가장 가까운 나라로 종교성은 있지만 독도문제, 신사참배 문제, 교과서 문제 등으로 마찰이 심합니다.

"하나님이 이 모든 말씀으로 일러 가라사대 나는 너를 애굽 땅, 종 되었던 집에서 인도하여 낸 너의 하나님 여호와로라. 너는 나 외에는 다른 신들을 네게 있게 말지니라 너를 위하여 새긴 우상을 만들지 말고 또 위로 하늘에 있는 것이나 아래로 땅에 있는 것이나 땅 아래 물속에 있는 것의 아무 형상이든지 만들지 말며 그것들에게 절하지 말며 그것들을 섬기지 말라 나 여호와 너의 하나님은 질투하는 하나님인즉 나를 미워하는 자의 죄를 갚되 아비로부터 아들에게로 삼사 대까지 이르게 하거니와 나를 사랑하고 내 계명을 지키는 자에게는 천대까지 은혜를 베푸느니라. 너는 너의 하나님 여호와의 이름을 망령되이 일컫지 말라 나 여호와는 나의 이름을 망령되이 일컫는 자를 죄 없다 하지 아니하리라 안식일을 기억하여 거룩히 지키라 엿새 동안은 힘써 네 모든 일을 행할 것이나 제 칠일은 너의 하나님 여호와의 안식일인즉 너나 네 아들이나 네 딸이나 네 남종이나 네 여종이나 네 육축이나 네 문안에 유하는 객이라도 아무 일도 하지 말라 네 이웃의 집을 탐내지 말지니라 네 이웃의 아내나 그의 남종이나 그의 여종이나 그의 소나 그의 나귀나 무릇 네 이웃의 소유를 탐내지 말지니라"(출 20:1~10,17).

10. 심판주로 오신다

"저가 내게 말하기를 네가 많은 백성과 나라와 방언과 임금에게 다시 예언하여야 하리라 하더라"(계 10:11). 어린 양이 시온산에서 우리를 구속하시고 우리와 함께 하신다고 약속하셨습니다.

"이 사람들은 여자로 더불어 더럽히지 아니하고 정절이 있는 자라 어린 양이 어디로 인도하든지 따라가는 자며 사람 가운데서 구속을 받아 처음 익은 열매로 하나님과 어린 양에게 속한 자들이니 그 입에 거짓말이 없고 흠이 없는 자들이더라. 또 보니 다른 천사가 공중에 날아가는데 땅에 거하는 자들 곧 여러 나라와 족속과 방언과 백성에게 전할 영원한 복음을 가졌더라"(계 14:4~6).

"보라 네가 수태하여 아들을 낳으리니 그 이름을 예수라 하라"(눅 1:31).

"예수 그리스도의 나심은 이러하니라 그 모친 마리아가 요셉과 정혼하고 동거하기 전에 성령으로 잉태된 것이 나타났더니"(마 1:18).

"맏아들을 낳아 강보로 싸서 구유에 뉘었으니 이는 사관에 있을 곳이 없음이러라"(눅 2:7).

"또 다시 오실 예수께서 가라사대 여우도 굴이 있고 공중의 새도 집이 있으되 인자는 머리 둘 곳이 없도다 하시고"(눅 9:58).

재림하실 때에는 우리를 천천히 하나님 앞으로 인도하고 하나님과 같이 살게 하기 위해서 심판주로 오신다는 것입니다. 오실 때 잘못된 것은 심판하시고 좋은 것은 다 모아서 하나님이 친 자녀로 만들어서 상급을 주기 위해 오신다는 것입니다.

1974년도 있었던 일입니다. 자녀들이 그 때 당시 셋이었는데 다 젖을 먹여야 할 정도의 어린 나이였습니다. 그렇게 어린 아이들을 두고 충주

이류면 신촌교회에 가서 3일간 철야를 하라는 계시가 있었습니다.

"예수님은 한 어린 나귀를 만나서 타시니"(요 12:14~16, 26, 25, 48).

시온 땅에 예수님이 오시는데 처음에는 제자들이 그 일을 깨닫지 못하다가 예수님이 영광을 입으신 후에야 예수께서 이렇게 일을 하시는구나 하고 깨닫게 되는 것을 볼 수 있었습니다.

어느 날 신촌교회(친정마을)에서 3일 철야를 하라고 성령께서 분부하시기에 기도하는 중에 성령께서 말씀하시길 너의 친정집에 가서 도장을 받아 오라하셨습니다. 도장을 받으라는 일이 무슨 일인지 알지 못하여 친정집에 갔습니다. 권사님이신 숙모님에게 성령께서 나에게 친정에 가서 도장을 받아 오라는데 저는 뜻과 의미를 모르니 이게 무슨 뜻입니까? 하고 여쭤 보았습니다. 그러자 안은숙 숙모님께서 참 신기하기도 하다면서 말씀하시기를 성령께서 권사님 두 분인 숙모 안은숙 권사님과 또 한 분의 성도님께서 자기 동네의 교회에서 예수님이 하얗게 옷을 입고 구름을 타고 재림하셨다는 것입니다. 제가 3일간 철야하는 날이었습니다.

"이는 선지자로 하신 말씀을 이루려 하심이라 일렀으되"(마 21:4) 그 왕이 겸손하시기 때문에 나귀 새끼를 타신다는 것입니다. 예수님은 왕으로 얼마든지 권위를 가지고 오실 수 있었으나 겸손한 모습으로 오셨습니다. 하나님께서는 세상에서 제일 쑥맥인 저에게 찾아오셔서 같이 일하게 하시는 것에 다시 한 번 감사드립니다.

계급장, 쇠명찰, 계급장의 뜻은 사마리아로 시작해서 시온성까지 하나님의 은혜로 된 것을 감사하며 "그러나 하나님께서는 세상의 미련한 것들을 택하사 지혜 있는 자들을 부끄럽게 하려 하시고 세상의 약한 것들을 택하사 강한 것들을 부끄럽게 하려 하시며"(고전 1:27~28), "미련하고 천대받은 사람을 들어서 역사하신다"(단 4:17).

"여자여 가로되 주여 내가 보니 선지자로소이다 여자가 가로되 메시야 곧 그리스도라 하는 이가 오실 줄을 내가 아노니 그가 오시면 모든 것을 우리에게 고하시리이다"(요 4:19,25).

한 번은 저의 언니의 딸집에 사위, 아들 이렇게 세 사람이 앉아 있는데 말씀하는 성경구절을 보라는 큰 소리가 들렸습니다.

"이는 한 아기가 우리에게 났고 한 아들을 우리에게 주신 바 되었는데 그 어깨에는 정사를 메었고 그 이름은 기묘자라, 모사라, 전능하신 하나님이라, 영존하시는 아버지라, 평강의 왕이라 할 것임이라"(사 9:6).

설마하고 잊어버리고 있으면 또 소리가 나면서 이 구절을 보라는 거예요. 거기에는 한 아이가 우리에게 났고 한 아들을 우리에게 주신 바 되었는데 왕으로 오신다는 말씀입니다. 그렇게 하나님은 아무것도 모르는 주위 사람들을 이러한 방법으로 깨우치는 역사를 하십니다.

"그러므로 주께서 친히 징조로 너희에게 주실 것이라 보라 처녀가 잉태하여 아들을 낳을 것이요 그 이름을 임마누엘이라 하리라"(사 7:14).

임마누엘 하신다는 것입니다. 우리와 함께 하신다는 것입니다. 이 얼마나 감사한 일입니까?

"멸망의 가증한 것이 서지 못할 곳에 선 것을 보거든(읽는 자는 깨달을 진저) 그 때에 유대에 있는 자들은 산으로 도망할지어다"(막 13:14).

"그 때에 인자가 구름을 타고 큰 권능과 영광으로 오는 것을 사람들이 보리라 또 그 때에 저가 천사들을 보내어 자기 택하신 자들을 땅 끝으로부터 하늘 끝까지 사방에서 모으리라"(막 13:26~27).

"인자의 온 것은 잃어버린 자를 찾아 구원하려함이니라"(눅 19:10).

"대답하여 가라사대 내가 너희에게 말하노니 만일 이 사람들이 잠잠하면 돌들이 소리 지르리라 하시니라 가까이 오사 성을 보시고 우시며"(눅 19:40~41).

"예수님이 우리의 마음을 보시고 우신다 너희는 마음에 근심하지 말라 하나님을 믿으니 또 나를 믿으라 예수께서 가라사대 내가 곧 길이요 진리요 생명이니 나로 말미암지 않고는 아버지께로 올 자가 없느니라"(요 14:1~6).

11. 스님도 찾으시는 예수님

청주병무청에서 방첩대에 근무하다 1974년도에 충주 목행동으로 이사하는 첫 날, 산을 두 개 넘어가면 절간이 있으니 스님보고 예수를 믿어라 전하라고 명령하셨습니다. 하지만 저는 그것을 4년간 전하지 않았더니 제가 자궁암에 걸렸습니다.

그래서 1978년에 스님한테 "나를 보내신 이의 뜻을 행하려함이니라 나를 보내신 이의 뜻은 내게 주신 자 중에 내가 하나도 잃어버리지 아니하고 마지막 날에 다시 살리는 이것이니라"(요 6:39), "다른 이로서는 구원을 얻을 수 없나니 천하 인간에 구원을 얻을 만한 다른 이름을 우리에게 주신 일이 없음이니라 하였더라"(행 4:12), "가로되 주 예수를 믿으라 그리하면 너와 네 집이 구원을 얻으리라 하고"(행 16:31), "하나님이 이 모든 말씀으로 일러 가라사대 나는 너를 애굽 땅, 종 되었던 집에서 인도하여 낸 너의 하나님 여호와로라 너는 나 외에는 다른 신들을 네게 있게 말지니라 너를 위하여 새긴 우상을 만들지 말고 또 위로 하늘에 있는 것이나 아래로 땅에 있는 것이나 땅아래 물속에 있는 것의 아무 형상이든지 만들지 말며 그것들에게 절하지 말며 그것들을 섬기지 말라 나 여호와 너의 하나님은 질투하는 하나님인즉 나를 미워하는 자의 죄를 갚되 아비로부터 아들에게로 삼 사대까지 이르게 하거니와 나를 사랑하고 내 계명을 지키는 자에게는 천대까지 은혜를 베푸느니라"(출 20:1~6), "만민이 각각 자기의 신의 이름을 빙자하여 행하되 오직 우리는 우리 하나님 여호와의 이름을 빙자하여 영원히 행하리로다"는 몇 말씀을 전하고 오니 자궁암이 치유되었습니다.

너무나 신기해서 기도하던 중에 보여주신 '누가복음 8:10', '요한복음 4:19,25~26,39'을 보여주자 스님은 참 재미있어 하면서 석가모니가 2,500년 전에 예언하길 예수님이 와서 주장할 것을 예언했다고 했습니다. 즉 야소라는 이름을 가진 사람이 올 것이 팔만대장경에 예언되어 있다는 말을 했습니다.

"너희가 성경에서 영생을 얻는 줄 생각하고 성경을 상고하거니와 이 성경이 곧 내게 대하여 증거 하는 것이로다"(요 5:39).

"너희는 마음에 근심하지 말라 하나님을 믿으니 또 나를 믿어라… 예수께서 가라사대 내가 곧 길이요 진리요 생명이니 나로 말미암지 않고는 아버지께로 올 자가 없느니라… 평안을 너희에게 끼치노니 곧 나의 평안을 너희에게 주노라 내가 너희에게 주는 것은 세상이 주는 것 같지 아니하니라 너희는 마음에 근심도 말고 두려워하지도 말라"(요 14:1,6,27).

"내 양은 내 음성을 들으며 나는 저희를 알며 저희는 나를 따르느니라"(요 10:27).

1980년도에 담임목사님한테 가서 제게 심판 주님이 임하셔서 일하고, 또한 계시가 온 다고 이야기하면, 수군수군 해요, 그것이 싫어서 하지 않겠다고 마음속으로 다짐하니까 자궁암이 재발되었습니다. 성경을 읽는 중 "여호와의 말씀이 내게 임하여 가라사대 인자야 너는 네 민족에게 고하여 이르라 가령 내가 칼을 한 땅에 임하게 한다 하자 그 땅 백성이 자기 중에 하나를 택하여 파수꾼을 삼은 그 사람이 칼이 그 땅에 임함을 보고 나팔을 불어 백성에게 경고하되 나팔 소리를 듣고도 경비를 하였던들 자기 생명을 보전하였을 것이나 파수꾼이 칼이 임함을 보고도 나팔을 불지 아니하여 백성에게 경고치 아니하므로 그 중에 한 사람이 그 임하는 칼에 제함을 당하면 그는 자기 죄악 중에서 제한바 되려니와 그 죄를 파수꾼의 손에서 찾으리라"(겔 33:1~6)는 말씀을 주셔서 저는 할 수 없이 말씀을 전하지 않을 수 없습니다. 그래서 말씀을 전하고 오니 자궁암이 안치되었습니다.

"여자가 가로되 주여 내가 보니 선지자로소이다"(요 4:19).

"여자가 가로되 메시야 곧 그리스도라 하는 이가 오실 줄을 내가 아노니 그가 오시면 모든 것을 우리에게 고하시리이다 예수께서 이르시되 네 딸아 전심으로 기뻐하며 즐거워할지어다 여호와가 너의 형벌을 제하였고 너의 원수를 쫓아내었으며 이스라엘 왕 여호와가 너의 중에 있으니 네가 다시는 화를 당할까 두려워하지 아니할 것이라 그 날에 사람이 예루살렘에게 이르기를 두려워하지 말라 시온아 네 손을 늘어뜨리지 말라 너의 하나님 여호와가 너의 가운데 계시니 그는 구원을 베푸실 전능자시라 그가 너로 인하여 기쁨을 이기지 못하여 하시며 너를 잠잠히 사랑하시며 너로 인하여 즐거이 부르며 기뻐하시리라 하리라"(습 3:14~17).

'너는 내 일만 해다오' 라는 계시가 오면서 풍이 풀리고 우리 가족 한 사람 한 사람에게 고통이 오는 것을 보였습니다. 방 7개짜리 셋집을 얻어 백광기도원이라 하며 만민이 기도하는 집에서 기도하던 중 어느 성도가 몸이 약해 오니까 독사들이 수군수군하며 비방하여 기도 중 "독사의 자식들아 너희는 악하니 어떻게 선한 말을 할 수 있느냐 이는 마음에 가득한 것을 입으로 말함이라"(마 12:34) 저것 보아라 독사들이다.

"여호와께서 또 내게 이르시되 유다인과 예루살렘 거민 중에 반역이 있도다"(렘 11:9).

"너는 또 에워싼 예루살렘을 향하여 팔을 벗어 메고 예언하라"(겔 4:7).

12. 내게만 아니라 주의 나타나심을 사모하는 모든 자에게

"예수께서 대답하여 가라사대 어떤 사람이 예루살렘에서 여리고로 내려가다가 강도를 만나매 강도들이 그 옷을 벗기고 때려 거반 죽은 것을 버리고 갔더라"(눅 10:30) 신앙생활에서 후퇴하는 사람을 가리킵니다.

"하나님 앞과 산자와 죽은 자를 심판하실 그리스도 예수 앞에서 그의 나라를 두고 엄히 명하노니 너는 말씀을 전파하라 때를 얻든지 못 얻든지 항상 힘쓰라 범사에 오래 참음과 가르침으로 경책하며 경계하며 권하라 때가 이르리니 사람이 바른 교훈을 받지 아니하며 귀가 가려워서 자기의 사욕을 좇을 스승을 많이 두고 또 그 귀를 진리에서 돌이켜 허탄한 이야기를 좇으리라 그러나 너는 모든 일에 근신하여 고난을 받으며 전도인의 일을 하며 네 직무를 다하라 관제와 같이 벌써 내가 부음이 되고 나의 떠날 기약이 가까웠도다 내가 선한 싸움을 싸우고 나의 달려갈 길을 마치고 믿음을 지켰으니 이제 후로는 나를 위하여 의의 면류관이 예비되었으므로 주 곧 의로우신 재판장이 그 날에 내게 주실 것이니 내게만 아니라 주의 나타나심을 사모하는 모든 자에게니라"(딤후 4:1~8).

어느 가정에서 예배를 드려 달라 부탁하셔서 예배 중에 "그가 내게 이르시되 인자야 일어서라 내가 네게 말하리라 하시매 말씀하실 때에 그 신이 내게 임하사 나를 일으켜 세우시기로 내가 그 말씀 하시는 자의 소리를 들으니 내게 이르시되 인자야 내가 너를 이스라엘 자손 곧 패역한 백성 나를 배반하는 자에게 보내노라 그들과 그 열조가 내게 범죄하여 오늘날까지 이르렀나니 이 자손은 얼굴이 뻔뻔하고 마음이 강퍅한 자니라 내가 너를 그들에게 이르기를 주 여호와의 말씀이 이러하시다 하라"(겔 2:1~4).

하나님을 떠난 영적 거지가 많다고 하니까 남자 집사님이 큰 소리로 선교사라면 몰라도 파수꾼이라 한다고 언쟁하고 왔지만 그 집 여자 집사님은 중환자실에 있는 며칠 후 새벽 기도 갔더니 병원 심방 가자고 하여 갔는데 "여호와가 이르노라 너희가 완악한 말로 나를 대적하고도 이르기를 우리가 무슨 말로 주를 대적하였나이까 하는도다"(말 3:13).

남자집사님은 며칠 전에 예배드릴 때 소리 지른 것이 생각난다 하고 다음 날 병원 가서 또 예배 중 "시몬아 시몬아 보라 사단이 밀 까부르듯 하려고 너희를 청구하였으나"(눅 22:31) 여자 집사님은 자기 침대 가에 사단이 밀 까부르듯이 빙빙 돈다고 손뼉을 치며 이야기 하는 것이었습니다.

기도하여 가로되 "여호와여 원컨대 저의 눈을 열어서 보게 하옵소서 하니 여호와께서 그 사환의 눈을 여시매 저가 보니 불말과 불병거가 산에 가득하여 엘리사를 둘렀더라"(왕하 6:17).

영적 눈을 열어주셔야 볼 수 있다

"내가 이르노니 너희는 성령을 좇아 행하라 그리하면 육체의 욕심을 이루지 아니하리라"(갈 5:16).

성령의 인도를 받지 않으면 "여호와의 말씀이 내게 임하여 가라사대 인자야 너는 이스라엘의 예언하는 선지자를 쳐서 예언하되 자기 마음에서 나는 대로 예언하는 자에게 말하기를 너희는 여호와의 말씀을 들으라 주 여호와의 말씀에 본 것이 없이 자기 심령을 따라 예언하는 우매한 선지자에게 화가 있을진데 이스라엘아 너의 선지자들은 황무지에 있는 여우 같으니라 너 인자야 너의 백성 중 자기 마음에서 나는 대로 예언하는 부녀들을 대면하여 쳐서 예언하여"(겔 13:1~4,17). 인본적인 사람은 모른다.

"내가 너희에게 이르노니 사람이 무슨 무익한 말을 하든지 심판 날에 이에 대하여 심문을 받으리니 네 말로 의롭다 함을 받고 네 말로 정죄함을 받으리라"(마 12:36~37).

나는 열 살 전부터 계시가 오는데 "여호와의 말씀이 내게 임하니라 이르시되 내가 너를 복 중에 짓기 전에 너를 알았고 네가 태에서 나오기 전에 너를 구별하였고 너를 열방의 선지자로 세웠노라 하시기로"(렘

1:4~5).

나는 16세에 조카를 업고 있었는데, 4년 있으면 시집을 갈 것이다. 정말 20세에 출가하여 딸 하나 두고 몸이 아파서 시집에서 4년 만에 쫓겨났다. 소돔과 고무라성 같은 세상을 진리 안으로 인도하시길 하나님은 준비하신다.

13. 깨워라! 잠든 교회를!

"저가 내게 말하기를 네가 많은 백성과 나라와 방언과 임금에게 다시 예언하여야 하리라 하더라"(계 10:11).

"일락을 좋아하는 이는 살았으나 죽었느니라"(딤전 5:6계3:1~3, 겔 37:3~9, 약 2:17, 골 2:6~12, 20~23, 딛 1:16, 엡 4:13, 요 1:12, 빌 3:8~30).

"주께서 호령과 천사장의 소리와 하나님의 나팔로 친히 하늘로 좇아 강림하시리니 그리스도 안에서 죽은 자들이 먼저 일어나고 그러므로 이 여러 말로 서로 위로하라"(살전 4:16,18, 히 12:1~2).

"진실로 진실로 너희에게 이르노니 죽은 자들이 하나님의 아들의 음성을 들을 때가 오나니 곧 이때라 듣는 자는 살아나리라 이를 기이히 여기지 말라 무덤 속에 있는 자가 다 그의 음성을 들을 때가 오나니"(요 5:25,28~29).

"예수께서 가라사대 나는 부활이요 생명이니 나를 믿는 자는 죽어도 살겠고, 예수께서 가라사대 내 말이 네가 믿으면 하나님의 영광을 보리라 하지 아니하였느냐 하신대"(요 11:25,40).

"여자들은 자기의 죽은 자를 부활로 받기도 하며 또 어떤 이들은 더 좋은 부활을 얻고자 하여 악형을 받되 구차히 면하지 아니하였으며"(히 11:35).

어떤 교회는 거리 찬양도 잘하고 철야기도도 잘하며 금식도, 전도도 모든 일을 잘하고 있는데 교회 들어오는 사람마다 이불을 덮고 자는 것을 보여주시기에 무슨 뜻이냐고 하나님께 물으니 "보라 내가 너희에게 비밀을 말하노니 우리가 다 잠잘 것이 아니요 마지막 나팔에 순식간에 홀연히 다 변화하리니 나팔 소리가 나매 죽은 자들이 썩지 아니할 것으로 다시 살고 우리도 변화하리라"(고전 15:51,52)라는 말씀으로 잠든 교회를 깨우라는 사명을 주셨습니다.

14. 더러운 옷을 벗고 신령한 옷으로 갈아입자

“저가 내게 말하기를 네가 많은 백성과 나라와 방언과 임금에게 다시 예언하여야 하리라 하더라”(계 10:11).

사자를 잡으려면 사자 굴에 들어가야 한다. 목자들한테 전하지 않으면 그들이 넘어진다.(슥 3:3~8, 롬 13:12~14, 마 23:2~8, 골 3:2~4, 갈 2:20, 요서 5~12, 잠 10:27, 갈 5:24)

“하나님을 가까이하라 그리하면 너희를 가까이하시리라 죄인들아 손을 깨끗이 하라 두 마음을 품은 자들아 마음을 성결케 하라”(약 4:8).

“하나님을 알되 하나님으로 영화롭게도 아니하며 감사치도 아니하고 오히려 그 생각이 허망하여지며 미련한 마음이 어두워졌나니 이는 저희가 하나님의 진리를 거짓 것으로 바꾸어 피조물로 조물주보다 더 경배하고 섬김이라 주는 곧 영원히 찬송할 이시로다 아멘”(롬 1:21,25).

“저는 대적하는 자라 범사에 일컫는 하나님이나 숭배함을 받는 자 위에 뛰어나 지존하여 하나님 성전에 앉아 자기를 보여 하나님이라 하느니라”(살후 2:4).

“이 유다 사람들도 포도주로 인하여 옆걸음치며 독주로 인하여 비틀거리며 제사장과 선지자도 독주로 인하여 옆걸음치며 포도주에 빠지며 독주로 인하여 비틀거리며 이상을 그릇 풀며 재판할 때에 실수하나니 모든 상에는 토한 것, 더러운 것이 가득하고 깨끗한 곳이 없도다”(사 28:7,8).

“저희가 내 백성의 속죄 제물을 먹고 그 마음을 저희의 죄악에 두는도다”(호 4:8).

너희는 예루살렘 거리로 빨리 왕래하며 그 넓은 거리에서 찾아보고 알라 너희가 만일 공의를 행하며 진리를 구하는 자를 한 사람이라도 찾으면 내가 이 성을 사하리라”(렘 5:1).

“너는 이를 야곱 집에 선포하며 유다에 공포하여 이르기를 또 너희 마음으로 우리에게 이른 비와 늦은 비를 때를 따라 주시며 우리를 위하여 추수기한을 정하시는 우리 하나님 여호와를 경외하자 말하지도 아니하니 이 땅에 기괴하고 놀라운 일이 있도다 선지자들은 거짓을 예언하며 제사장들은 자기 권력을 다스리며 내 백성은 그것을 좋게 여기니 그 결국에는 너희가 어찌 하려느냐”(렘 5,20,24,30,31).

“여자가 아들을 낳으니 이는 장차 철장으로 만국을 다스릴 남자라 그 아이를 하나님 앞과 그 보좌 앞으로 올려가더라 큰 용이 내어 쫓기니 옛 뱀 곧 마귀라고도 하고 사단이라고도 하는 온 천하를 꾀는 자라 땅으로 내어 쫓기니 그의 사자들도 저와 함께 내어 쫓기니라”(계 12:5,9).

“그 성중에 의인 오십이 있을지라도 주께서 그 곳을 멸하시고 그 오십 의인을 위하여 용서치 아니하시리이까 아브라함이 또 가로되 주는 노하지 마옵소서 내가 이번만 더 말씀하리이다 거기서 십인을 찾으시면 어찌하시려나이까 가라사대 내가 십인을 인하여도 멸하지 아니하리라”(창 18:24,32).

한국 의인 10사람만 있어도 세계를 살려냅니다.

15. 교회 지도자와 성직자들에게 주시는 말씀

나는 섬기려고 왔지 섬김을 받으러 오지 않았다고 예수님은 말씀하셨습니다. 그러므로 주님의 제자들인 우리는 섬기는 자가 되어야 합니다. 이것은 특별히 교회 지도자와 성직자들에게 주시는 말씀입니다.

"선지자들은 바람이라 말씀이 그들의 속에 있지 아니한즉 그같이 그들이 당하리라 하느니라"(렘 5;13).

말씀이 없기 때문에 자기를 바로 보지 못하고 오히려 자기를 망치고 당하는 것입니다. 많은 왕들과 선지자들이 하나님을 바로 알지 못하여 이방신을 섬기고 세상을 사랑하다가 멸망으로 떨어진 사건들을 성경은 우리에게 경고하고 있습니다. 이런 것을 우리는 심각하게 생각하며 다시 말씀을 보니 "그들이 만일 이르기를 우리 하나님 여호와께서 어찌하여 이 모든 일을 우리에게 행하셨느뇨 하거든 너는 그들에게 이르기를 너희가 여호와를 버리고 너희 땅에서 이방인들을 섬겼은즉 이와 같이 너희 것이 아닌 땅에서 이방인들을 섬기리라 하라 너는 이를 야곱 집에 선포하며 유다에 공포하여 이르기를 우준하여 지각이 없으며 눈이 있어도 보지 못하며 귀가 있어도 듣지 못하는 백성이여 이를 들을지어다 여호와께서 말씀하시되 너희가 나를 두려워 아니하느냐 내 앞에서 떨지 아니하겠느냐 내가 모래를 두어 바다의 계한을 삼되 그것으로 영원한 계한을 삼고 지나치지 못하게 하였으므로 파도가 흉용하나 그것을 이기지 못하며 뛰노나 그것을 넘지 못하느니라"(렘 5:19~22).

이제 야곱의 집은 곧 하나님의 사랑하는 자녀이며 주님의 제자들은 바로 우리들을 두고 하시는 말씀입니다.

"또 너희 마음으로 우리에게 이른 비와 늦은 비를 때를 따라주시며 우리를 위하여 추수 기간을 정하시는 우리 하나님 여호와를 경외하자 말하지도 아니하니 너희 허물이 이러한 일들을 물리쳤고 너희 죄가 너희에게 오는 좋은 것을 막았느니라"(렘 5:24~25).

"이 땅에 기괴하고 놀라운 일이 있도다 선지자들은 거짓을 예언하며 제사장들은 자기 권력으로 다스리며 내 백성은 그것을 좋게 여기니 그 결국에는 너희가 어찌하려느냐"(렘 5:30~31).

"무리가 나를 버리고 다른 신에게 분향하며 자기 손으로 만든 것에 절하였은즉 내가 나의 심판을 베풀어 그들의 모든 죄악을 징계하리라"(렘 1:16).

"징계하시는 이유가 이제는 회개하여 진짜로 나의 백성이 되어달라고 하십니다. 바른 길로 인도하여 복 주시기 위한 하나님의 징계이지 미워서 버리실 이유이면 그냥 두었다가 마지막 심판나라에 버리신다고 하셨습니다. 늘 경고하시는 말씀을 깨닫고 의의 길로 회개하는 우리들이 되어야 하겠습니다. 저는 대적하는 자라 범사에 일컫는 하나님이나 숭배함을 받는 자 위에 뛰어나 자존하여 하나님 성전에 앉아 자기를 보여 하나님이라 하느니라"(살후 2:4).

말씀을 받은 자는 하나님의 신을 받은 자라고 했지만 그 뜻대로 행하지 않고 하나님의 권위만을 나타내는 많은 지도자들에게 마귀가 역사할 수 있으니 속지 말고 늘 겸손하고 교만을 멀리하는 주님의 참 제자와 종이 되시기를 말씀으로 경고하고 있습니다.

"인자의 온 것은 섬김을 받으려 함이 아니라 도리어 섬기려 하고 자기 목숨을 많은 사람의 대속물로 주려 함이니라"(막 10:45).

예수님께서도 이렇게 행하셨으니 주님의 제자인 우리들은 당연히 이 말씀을 따라서 행하여야 하겠습니다. 그것이야말로 주님의 자녀다운 모습이고 주님께 순종하는 모습인 것입니다.

"또 무리에게 이르시되 아무든지 나를 따라오려거든 자기를 부인하고 날마다 제 십자가를 지고 나를 좇을 것이니라"(눅 9:23).

자기를 부인할 줄 아는 자가 제자라고 했습니다. 자기 목숨을 내어놓고 죽으면 죽으리라는 결단을 하는 제자가 주님의 참 자녀입니다.

"처음 믿음을 저버렸으므로 심판을 받느니라"(딤전 5:12).

처음에 믿었던 믿음, 성령이 임했던 처음의 그 믿음을 버리지 말아야 심판을 받지 않는다고 말씀하십니다.

16. 거짓 선지자를 추방하자

"여호와의 말씀이 내게 임하여 가라사대(겔 13:1,3,17) 주 여호와의 말씀에 본 것이 없어 자기 심령을 따라 예언하는 우매한 선지자에게 화가 있을진저 너 인자야 너의 백성 중 자기 마음에서 나는 대로 예언하는 부녀들을 대면하여 쳐서 예언하여 만군의 여호와께서 이같이 말씀하시되 너희에게 예언하는 선지자들의 말을 듣지 말라 그들은 너희에게 헛된 것을 가르치나니 그들의 말한 묵시는 자기 마음으로 말미암은 것이요 여호와의 입에서 나온 것이 아니니라 누가 여호와의 회의에 참예하여 그 말을 알아들었으며 누가 귀를 기울여 그 말을 들었느뇨 거짓을 예언하는 선지자들이 언제까지 이 마음을 품겠느냐? 그들은 그 마음의 간교한 것을 예언하느니라 자기 자신을 더 사랑하고 돈을 사랑하는 자가 거짓선지자요"(사 55:8, 롬 8:6,7,13, 렘 23:16,18,26), "너희 중에 선지자나 꿈꾸는 자가 일어나서 이적과 기사를 네게 보이고(꿈에는 영몽과 현몽, 악몽, 잡몽이 있다)"(신 13:1).

"그 두령은 뇌물을 위하여 재판하며 그 제사장은 삯을 위하여 교훈하며 그 선지자는 돈을 위하여 점치면서 오히려 여호와를 의뢰하여 이르기를 여호와께서 우리 중에 계시지 아니하냐 재앙이 우리에게 임하지 아니하리라 하는도다"(미가 3:11).

"거짓말 하는 자의 징조를 폐하며 점치는 자를 미치게 하며 지혜로운 자들을 물리쳐 그 지식을 어리석게 하며"(사 44:25).

"내가 돌이켜 진심으로 지혜와 명철을 살피고 궁구하여 악한 것이 어리석은 것이요 어리석은 것이 미친 것인줄을 알고자 하였더니"(전 7:25).

"여호와께서 이 백성에 대하여 말씀하시되 그들이 어그러진 길을 사랑하여 그 발을 금하지 아니하므로 나 여호와가 그들을 받지 아니하고 이제 그들의 죄를 기억하고 그 죄를 벌하리라 하시고 여호와께서 내게 이르시되 선지자들이 내 이름으로 거짓 예언을 하도다 나는 그들을 보내지 아니하였고 그들에게 명하거나 이르지 아니하였거늘 그들이 거짓 계시와 복술과 허탄한 것과 자기 마음의 속임으로 너희에게 예언하도다"(렘 14:10,14).

"거짓 그리스도들과 거짓 선지자들이 일어나 큰 표적과 기사를 보이어 할 수만 있으면 택하신 자들도 미혹하게 하리라"(마 24:24).

"저런 사람은 거짓 사도요 궤휼의 역군이니 자기를 그리스도의 사도로 가장하는 자들이니라"(고후 11:13).

"너는 다시 그들에게 이르기를 여호와의 말씀에 보라 내가 이 땅의 모든 거민과 다윗의 위에 앉은 왕들과 제사장들과 선지자들과 예루살렘 모든 거민으로 잔뜩 취하게 하고"(렘 13:13), "요란한 소리가 땅끝까지 이름은 여호와께서 열국과 다투시며 모든 육체를 심판하시며 악인을 칼에 붙이심을 인함이라 여호와의 말이니라 평안한 목장들이 적막하니 이는 여호와의 진노의 연고로다"(렘 25:31,37).

17. 각색 질병에서 구원하라

“그리스도께서 이미 육체의 고난을 받으셨으니 너희도 같은 마음으로 갑옷을 삼으라 이는 육체의 고난을 받은 자가 죄를 그쳤음이니 만물의 마지막이 가까웠으니 그러므로 너희는 정신을 차리고 근신하여 기도하라 오직 너희가 그리스도의 고난에 참예하는 것으로 즐거워하라 이는 그의 영광을 나타내실 때에 너희로 즐거워하고 기뻐하게 하려 함이라 만일 그리스도인으로 고난을 받은즉 부끄러워 말고 도리어 그 이름으로 하나님께 영광을 돌리라 하나님 집에서 심판을 시작할 때가 되었나니 만일 우리에게 먼저 하면 하나님의 복음을 순종치 아니하는 자들의 그 마지막이 어떠하며 또 의인이 겨우 구원을 얻으면 경건치 아니한 자와 죄인이 어디서리요”(벧전 4:1,7,13,16~18).

성도가 먼저

“분노가 미련한 자를 죽이고 시기가 어리석은 자를 멸하느니라 볼지어다 하나님께 징계 받는 자에게는 복이 있나니 그런즉 너는 전능자의 경책을 업신여기지 말지니라 하나님은 아프게 하시다가 싸매시며 상하게 하시다가 그 손으로 고치시나니 나 같으면 하나님께 구하고 내 일을 하나님께 의탁하리라”(욥 5:2,17~18,8).

“네가 만일 이 책에 기록한 이 율법의 모든 말씀을 지켜 행하지 아니하고 네 하나님 여호와라 하는 영화롭고 두려운 이름을 경외하지 아니하면 여호와께서 너의 재앙과 네 자손의 재앙을 극렬하게 하시리니 그 재앙이 크고 오래고 그 질병이 중하고 오랠 것이라 여호와께서 네가 두려워하던 애굽의 모든 질병을 네게로 가져다가 네 몸에 들어붓게 하실 것이며”(신 28:58~60), “처녀 딸 애굽이여 길르앗으로 올라가서 유향을 취하라 네가 많은 의약을 쓸지라도 무효하여 낫지 못하리라"(렘 46:11).

인본주의

"그러나 네 모든 죄로 인하여 네 사경의 모든 재산과 보물로 값없이 탈취를 당하게 할 것이며 너로 네 대적과 함께 네가 알지 못하는 땅에 이르게 하리니 이는 나의 진노의 맹렬한 불이 너희를 사르려 함이니라"(렘 15:13~14).

"아사가 왕이 된지 삼십 구년에 그 발이 병들어 심히 중하나 병이 있을 때에 저가 여호와께 구하지 아니하고 의원들에게 구하였더라"(대하 16:12).

"열두 해를 혈루증으로 앓는 한 여자가 있어 많은 의원에게 많은 괴로움을 받았고 있던 것도 다 허비하였으되 아무 효험이 없고 도리어 더 중하여졌던 차에 예수의 소문을 듣고 무리 가운데 섞여 뒤로 와서 그의 옷에 손을 대니 이는 내가 그의 옷에만 손을 대어도 구원을 얻으리라 함일러라(막 5:25~28), 믿음의 주요 또 온전케 하시는 이인 예수를 바라보자 저는 그 앞에 있는 즐거움을 위하여 십자가를 참으사 부끄러움을 개의치 아니하시더니 하나님 보좌 우편에 앉으셨느니라 또 아들들에게 권하는 것 같이 너희에게 권면하신 말씀을 잊었도다 일렀으되 내 아들아 주의 징계하심을 경히 여기지 말며 그에게 꾸지람을 받을 때에 낙심하지 말라 주께서 그 사랑하시는 자를 징계하시고 그의 받으시는 아들마다 채찍질 하심이니라 하였으니 너희가 참음은 징계를 받기 위함이라 하나님이 아들과 같이 너희를 대우하시나니 어찌 아비가 징계하지 않는 아들이 있으리요 징계는 다 받는 것이거늘 너희에게 없으면 사생자요 참 아들이 아니니라"(히 12:2,5~8).

"그 즈음에 히스기야가 병들어 죽게 되니 아모스의 아들 선지자 이사야가 나아와 그에게 이르되 여호와께서 이같이 말씀하시기를 너는 네 집에 유언하라 네가 죽고 살지 못하리라 하셨나이다 히스기야가 얼굴을 벽으로 향하고 여호와께 기도하여 너는 가서 히스기야에게 이르기를 네 조상 다윗의 하나님 여호와께서 이같이 말씀하시기를 내가 네 기도를 들었고 네 눈물을 보았노라 내가 네 수한에 십 오년을 더하고 이사야는 이르기를 한 뭉치 무화과를 취하여 종처에 붙이면 왕이 나으리라 하였었고 히스기야도 말하기를 내가 여호와의 전에 올라 갈 징조가 무엇이뇨 하였었더라"(사 38:1~2,5,21~22).

"그 때에 히스기야가 병들어 죽게 된 고로 여호와께 기도하매 여호와께서 그에게 대답하시고 또 이적으로 보이셨으나 히스기야가 마음이 교만하여 그 받은 은혜를 보답지 아니하므로 진노가 저와 유다와 예루살렘에 임하게 되었더니 히스기야가 마음의 교만함을 뉘우치고 예루살렘 거민들도 그와 같이 하였으므로 여호와의 노가 히스기야의 생전에는 저희에게 임하지 아니하니라"(대하 32:24~26).

재발할 때

"의인은 고난이 많으나 여호와께서 그 모든 고난에서 건지시는도다"(시 34:19).

관절로 고통받는 사람들

"나는 저희가 병들었을 때에 굵은 베옷을 입으며 금식하여 내 영혼을 괴롭게 하였더니 내 기도가 내 품으로 돌아왔도다"(시 35:13).

통회 자복

"하나님이여 내 속에 정한 마음을 창조하시고 내 안에 정직한 영을 새롭게 하소서 하나님의 구하시는 제사는 상한 심령이라 하나님이여 상하고 통회하는 마음을 주께서 멸시치 아니하시리이다"(시 51:10,17).

정직한 영

"사람의 심령은 그 병을 능히 이기려니와 심령이 상하면 그것을 누가 일으키겠느냐"(잠 18:14).

마음이 깨끗하면 병이 먼지같이 털어집니다.

"저가 그 말씀을 보내어 저희를 고치사 위경에서 건지시는도다"(시 107:20).

"가라사대 너희가 너희 하나님 나 여호와의 말을 청종하고 나의 보기에 의를 행하며 내 계명에 귀를 기울이며 내 모든 규례를 지키면 내가 애굽 사람에게 내린 모든 질병의 하나도 너희에게 내리지 아니하리니 나는 너희를 치료하는 여호와임이니라"(출 15:26).

"저가 병들어 죽게 되었으나 하나님이 저를 긍휼히 여기셨고 저뿐 아니라 또 나를 긍휼히 여기사 내 근심 위에 근심을 면하게 하셨느니라"(빌 2:27).

18. 성령의 충만함을 업어라

성령을 받아야 능력과 권능을 받습니다.

"예수께서 그 자라나신 곳 나사렛에 이르사 안식일에 자기 규례대로 회당에 들어가사 성경을 읽으려고 서시매 선지자 이사야의 글을 드리거늘 책을 펴서 이렇게 기록한 데를 찾으시니 곧 주의 성령이 내게 임하셨으니 이는 가난한 자에게 복음을 전하게 하시려고 내게 기름을 부으시고 나를 보내사 포로된 자에게 자유를 눈먼 자에게 다시 보게 함을 전파하며 눌린 자를 자유케 하고"(눅 4:16~18).

"예수께서 또 가라사대 너희에게 평강이 있을지어다 아버지께서 나를 보내신 것같이 나도 너희를 보내노라"(요 20:21).

"내가 너희 중에서 예수 그리스도와 그의 십자가에 못 박히신 것 외에는 아무것도 알지 아니하기로 작정하였음이라 그러나 우리가 온전한 자들 중에서 지혜를 말하노니 이는 이 세상의 지혜가 아니요 또 이 세상의 없어질 관원의 지혜도 아니요 오직 하나님이 성령으로 이것을 우리에게 보이셨으니 성령은 모든 것 곧 하나님의 깊은 것이라도 통달하시느니라 우리가 세상의 영을 받지 아니하고 오직 하나님께로 온 영을 받았으니 이는 우리로 하여금 하나님께서 우리에게 은혜로 주신 것들을 알게 하려 하심이라"(고전 2:2,6,10,12).

"주와 합하는 자는 한 영이니라"(고전 6:17).

"저는 진리의 영이라 세상은 능히 저를 받지 못하나니 이는 저를 보지도 못하고 알지도 못함이라 그러나 너희는 저를 아나니 저는 너희와 함께 거하심이요 또 너희 속에 계시겠음이라 보혜사 곧 아버지께서 내 이름으로 보내실 성령 그가 너희에게 모든 것을 가르치시고 내가 너희에게 말한 모든 것을 생각나게 하시리라 평안을 너희에게 끼치노니 곧 나의 평안을 너희에게 주노나 내가 너희에게 주는 것은 세상이 주는 것 같지 아니하니라 너희는 마음에 근심도 말고 두려워하지도 말라"(요 14:17,26,27).

"내가 이르노니 너희는 성령을 좇아 행하라 그리하면 육체의 욕심을 이루지 아니하리라"(갈 5:16).

"오직 성령의 열매는 사랑과 희락과 화평과 오래 참음과 자비와 양선과 충성과 온유와 절제니 이 같은 것을 금지할 법이 없느니라 그리스도 예수의 사람들은 육체와 함께 그 정과 욕심을 십자가에 못 박았느니라 만일 우리가 성령으로 살면 또한 성령으로 행할지니 헛된 영광을 구하여 서로 격동하고 서로 투기하지 말지니라"(갈 5:22~26).

19. 옛 사람은 십자가에 못 박자

어느 사모님이 유방암에 걸려 유방을 도려내게 되었습니다. 그 사모님은 손가락처럼 말라갔고 그 수술한 곳에 심한 통증을 계속 느꼈으며 구역질을 하고 토하기까지 하는 것이었습니다. 그래서 저는 그 집에 병문안을 가서 사모님 너무 고생이 많으시다고 위로하였습니다. 기왕 왔으니까 예배를 드려달라고 하여 예배를 드리는데 성령께서 옆에 있는 사모님을 진짜로 사랑하느냐고 저에게 물으시기에 저는 그냥 인사차 왔다고 했습니다. 그랬더니 진짜로 사랑을 한다면 이 말을 하라는 것이었습니다.

"그러므로 땅에 있는 지체를 죽이라 곧 음란과 부정과 사욕과 악한 정욕과 탐심이니 탐심은 우상 숭배니라"(골 3:5).

이것 때문에 하나님께서 진노하신다는 것입니다. 그것을 얘기해 주라는데 그 사모님은 세계 선교사시며 학벌도 법대와 신학대학원을 나오신 쟁쟁하신 분이셨고, 게다가 목사 사모님이신데 감히 제가 어떻게 이런 얘기를 하겠습니까? 그리고 사모님은 어느 목사님보다도 설교를 잘 하시고 지식도 많으셔서 모두들 존경하고 부러워하는 엘리트라는 생각이 들었습니다. 그러나 하나님께서는 기뻐하지 않으시고 오히려 자기를 망치는 것에 의지한다고 진노하신다는 것입니다. 그리고 다시 말씀을 주시는데, "너희가 세상의 초등학문에서 그리스도와 함께 죽었거든 어찌하여 세상에 사는 것과 같이 의문에 순종하느냐"(골 2:20).

의문에 순종하고 있다는 것입니다. 아무리 논리적이고 진리적으로 알고 있지만 의문에 순종하고 있다는 것을 얘기해 주라는 것입니다.

"우리가 알거니와 우리 옛 사람이 예수와 함께 십자가에 못 박힌 것은 죄의 몸이 멸하여 다시는 우리가 죄에게 종노릇 하지 아니하려 함이니"

(롬 6:6).

우리의 옛 사람이 그리스도와 함께 죽었으면 죽어야 되는데 죽지 않았다는 것입니다. 즉 정욕, 탐심이 죽지 않았다는 것입니다. 그 결과 그런 유방암으로 또 계속 토하는 고통을 겪는 것입니다. 그러니 네가 그 사모에게 이런 얘기를 해주라고 성령께서 말씀하시는 것이었습니다.

"만일 우리가 그리스도와 함께 죽었으면 또한 그와 함께 살줄을 믿노니 이는 그리스도께서 죽은 자 가운데서 사셨으매 다시 죽지 아니하시고 사망이 다시 그를 주장하지 못할 줄을 앎이로라"(롬 6:8~9).

"너희는 유혹의 욕심을 따라 썩어져가는 구습을 좇는 옛사람을 벗어버리고"(엡 4:22).

완전히 옛 구습을 벗어버리고 속사람이 거듭나고 깨끗한 예수와 함께 하려면 예수님과 같은 영이 되어야 되는데 같은 영이 안 되니까 이러한 어려움이 따른다는 것입니다. 그렇게 해놓고는 다음 말씀을 주셨습니다.

"우리 중에 누구든지 자기를 위하여 사는 자가 없고 자기를 위하여 죽는 자도 없도다 우리가 살아도 주를 위하여 살고 죽어도 주를 위하여 죽나니 그러므로 사나 죽으나 우리가 주의 것이로라"(롬 14:7~8)

"우리가 육체에 있어 행하나 육체대로 싸우지 아니하노니 우리의 싸우는 병기는 육체에 속한 것이 아니요 오직 하나님 앞에서 견고한 진을 파하는 강력이라 모든 이론을 파하며 하나님 아는 것을 대적하여 높아진 것을 다 파하고 모든 생각을 사로잡아 그리스도에게 복종케 하니"(고후 10:3~5).

자신을 이기자는 이야기, 자신을 못 이기면 하나님 백성이 될 수 없습니다. 자기 자신을 이겨야 한다고 하십니다.

"예수를 죽은 자 가운데서 살리신 이의 영이 너희 안에 거하시면 그리스도 예수를 죽은 자 가운데서 살리신 이가 너희 안에 거하시는 그의 영으로 말미암아 너희 죽을 몸도 살리시리라 생각건대 현재의 고난은 장차 우리에게 나타날 영광과 족히 비교할 수 없도다"(롬 8:11,18).

하나님의 영이 우리 안에 거하시면 우리의 죽을 몸도 살리실 것이며 현재의 고난은 장차 우리에게 나타날 영광과 족히 비교할 수 없다는 말씀입니다. 이러한 말씀들을 주셔서 제가 그 사모님에게 말씀드렸더니 현명하신 사모님은 금방 깨달으셨습니다. 우리 건강한 사람도 체하든지 잘못 먹어 토하면 눈이 뒤집어지고 창자가 뒤틀리는 듯하는데, 꼬챙이처럼 말라서 힘이 없는 분이 베개를 배에다 대고 매일같이 토하니 그 고통을 무어라 표현할 수 있었겠습니까?

제가 왜 토하느냐고 물으니까 그 친정어머니가 위장이 나빠 토한다고 하기에 하나님은 그렇게 말씀을 안 하십니다. 위장이 나빠 토하는 것이 아니라 하나님의 뜻에 어긋나서 이런 토하는 고통이 따른 것이니까 얼른 회개하시기를 바란다고 말씀드렸습니다. 그러자 그 사모님이 그것을 깨닫고 회개하니 그 토하는 것을 멈추었습니다. 그리고는 통증도 차츰 사라지고 얼굴에 핏기가 돌고 생기가 돌며 차츰 좋아지기 시작했습니다. 전에는 일어서는 것도 힘들었으나 그 후로는 짚고 일어서서 성전까지 걸어가고 식사도 조금씩 하게 되니 집안 식구들이 얼마나 기쁘고 감격스러웠겠습니까?

그런데 그렇게 무심한 게 인간인가 봅니다. 그 친정어머니가 간호를 하면서 좋아지는 딸을 보니, 빨리 회복시키고 싶어서 피 주사를 맞게 해야겠다고 하셨습니다. 그 이튿날 그 집을 향해 버스를 타고 가면서 성령께 묻기를 피 주사를 맞는다고 하는데 무슨 얘기를 해줘야 합니까? 하고 묻자, 성령께서는 교만하다고 얘기해 주라고 하시는 것입니다.

"여호와를 의지하고 교만한 자와 거짓에 치우치는 자를 돌아보지 아니하는 자는 복이 있도다"(시 40:4).

사람은 자기가 남보다 잘났다고 생각이 들고 뛰어나다고 생각하는 가 봅니다. 그러니 가서 사모님에게도 교만함을 깨닫도록 하셨고, 그래서 그 사모님도 낫게 되었습니다.

그러나 아직도 깨달음이 부족한 것인지, 하나님의 뜻을 깨달아 병이 나아지면서 하나님께 감사하며 더욱더 하나님께 의지해야 하는데 오히려 다른 것에 의지하는 모습을 책망하시는 것이었습니다.

그 친정어머니는 딸을 빨리 회복시키기 위해서 병원에 가서 피 주사를 맞게 해야 한다고 하니 하나님께서 푼수라고 얘기해 주라는 것이었습니다. 그러나 그 얘기를 직설적으로 하지 못하고 약간 바꿔서 얘기를 했습니다. 하나님은 당신들더러 푼수라고 하시더라고 하려니 제가 너무 무식한 사람 취급받을 것 같아서 얘기한 것이 약간 후회가 남았습니다.

"그들이 여호와를 인정치 아니하며 말하기를 여호와는 계신 것이 아닌즉 재앙이 우리에게 임하지 않을 것이요 우리가 칼과 기근을 보지 아니할 것이며"(렘 5:12).

그런데 여호와를 인정하지 않으니 재앙이 올 수밖에 없는 것이지요. 여호와를 인정하지 않는 것은 믿음이 없고 교만하기 때문입니다. 그래서 병원에 의지하는 모습이 푼수라는 것입니다. 그 뜻을 바로 깨닫지 못하고 피 주사를 맞은 것이지요. 그 후에 제가 병원에 병문안을 갔더니 얼굴이 퍼렇게 변하고 퉁퉁 부어서 금방 죽을 것 같이 보였습니다.

"이런 자를 사단에게 내어 주었으니 이는 육신은 멸하고 영은 주 예수의 날에 구원 얻게 하려 함이라"(고전 5:5).

법대를 나오고 신학대학원을 나오고 세계선교사로 이름을 날리니 오히려 교만함이 생겼던 것입니다. 많이 알고 많이 배운 것이 오히려 하나님보다는 의료기구에, 지식에 의지하여 화를 자초한 것이지요. 하나님이 고쳐주시고 나서 회복도 하나님께 의지해야 할 것을 자기 힘으로 하려니까 되겠어요? 사모님은 안타깝게도 죽었습니다. 이처럼 하나님은 교만한 자를 싫어하신다는 것입니다. 그 모녀를 놓고 하나님께 기도하는 중에 보여주시는 것이 연못 같기도 하고 강 같기도 한데 색이 재색의 물이었습니다. 그것은 세상 같았습니다. 그 강을 건너가려고 사모님하고 친정어머니가 서있는데, 친정어머니가 짐 보따리를 머리에 이고 있는 것이었습니다.

"수고하고 무거운 짐진 자들아 다 내게로 오라 내가 너희를 쉬게 하리라"(마 11:28).

무거운 짐을 성경 말씀대로 예수님께 맡겨야 되는데 그 짐을 머리에 이고 강을 건너지 못해 자기 남편을 부르는 것이었습니다. 그러나 그곳은 영적인 곳이라 부부의 관계가 통하지 않고 타인이 되는 곳입니다.

이처럼 우리도 옛 사람이 죽어야 한다는 사실을 명심하시기 바랍니다. 그래야 하나님의 영광을 드러낸다는 말씀입니다.

어느 권사님이 사위를 봐야 하는데 꿈에 그 사위와 딸이 고깔을 썼는데 그 고깔을 벗지 못해 두 사람이 애쓰는 모습이 해석이 안 된다며 저에게 물어왔습니다.

"진리가 예수 안에 있는 것같이 너희가 과연 그에게서 듣고 또 한 그 안에서 가르침을 받았을진대 너희는 유혹의 욕심을 따라 썩어져 가는 구습을 좇는 옛 사람을 벗어 버리고 오직 심령으로 새롭게 되어 하나님을 따라 의와 진리의 거룩함으로 지으심을 받은 새 사람을 입으라"(엡 4:21~24).

옛 구습을 벗는다는 것은 고깔을 벗는 것입니다. 그렇게 못 벗어 힘들어 할 것이 없습니다. 말씀 안에 살면 힘들지 않지만 말씀 밖에 살면 힘들 뿐이므로 늘 말씀을 가까이 하라고 한 적이 있습니다.

20. 말씀으로 하나가 되라

하나님이 말씀하시기를 "말씀으로 하나가 되라. 각 종교와 단체가 사회를 혼란케 한 것을 회개하라. 하나님의 교회가 장삿속으로 강도의 굴혈을 만들었으니 돌이켜 회개하라" 하셨습니다.

첫째, "너희 안에 이 마음을 품으라 곧 그리스도 예수의 마음이니"(빌 2:5)라는 말씀에 따라 예수 그리스도의 마음을 품어야 합니다. 각각 자기보다 남을 높게 여겨 서로 존경해야 하나가 될 수 있습니다.

둘째, "너희가 짐을 서로 지라 그리하여 그리스도의 법을 성취하라"(갈 6:2)는 말씀에 따라 서로의 짐을 나누어 져야 합니다.

셋째, 다 같은 말을 하고, 분쟁 없이 같은 마음과 같은 뜻으로 온전히 화합해야 합니다.

"형제들아 내가 우리 주 예수 그리스도의 이름으로 너희를 권하노니 다 같은 말을 하고 너희 가운데 분쟁이 없이 같은 마음과 같은 뜻으로 온전히 합하라 내 형제들아 글로에의 집 편으로서 너희에게 대한 말이 내게 들리니 곧 너희 가운데 분쟁이 있다는 것이라 이는 다름 아니라 너희가 각각 이르되 나는 바울에게, 나는 아볼로에게, 나는 게바에게, 나는 그리스도에게 속한 자라 하는 것이니 그리스도께서 어찌 나뉘었느뇨 바울이 너희를 위하여 십자가에 못 박혔으며 바울의 이름으로 너희가 세례를 받았으뇨"(고전 1:10~13).

넷째, "예수께서 저희 생각을 아시고 가라사대 스스로 분쟁하는 나라마다 황폐하여질 것이요 스스로 분쟁하는 동네나 집마다 서지 못하리라"(마 12:25)는 말씀에 따라 분쟁 없는 기독교 사회를 이룩해야 합니다.

다섯째, 서로 다투면 같이 죽게 마련입니다. 왜냐하면(약 5:9) "무엇이든지 너희가 땅에서 메이면 하늘에서도 메이기"(마 18:18) 때문입니다.

"남의 과실을 용서해 주어야 하나님께서도 나의 잘못을 용서해 주십니다" (마 6:14)라는 말씀에 따라 한마음 한입으로 하나님 곧 우리 주 예수 그리스도의 아버지께 영광을 돌려야 합니다(롬 15:6). "우리는 한 아버지를 가지지 아니하였느냐?"(말 2:10) 우리는 한 아버지를 가지지 아니하였느냐? 한 하나님의 지으신 바가 아니냐? 어찌하여 우리 각 사람이 자기 형제에게 궤사를 행하며 우리 열조의 언약을 욕되게 하느냐?

교파 간에 서로 다투는 것을 보시고 하나님께서 말씀하셨습니다.

"너는 또 에워싼 예루살렘을 향하여 팔을 벗어 메고 예언하라"(겔 4:7).

육체와 자기 자신을 이기자

"우리가 육체에 있어 행하나 육체대로 싸우지 아니하노니"(고후 10:3), "우리의 씨름은 육에 대한 것이 아니요 정사와 권세와 이 어두움의 세상 주관자들과 하늘에 있는 악의 영들에게 대함이라"(엡 6;12), "내가 선한 싸움을 싸우고 나의 달려갈 길을 마치고 믿음을 지켰으니"(딤후 4:7), "저희가 어린 양으로 더불어 싸우려니와 어린 양은 만주의 주시오 만왕의 왕이시므로 저희를 이기실 터이요 또 그와 함께 있는 자들 곧 부르심을 입고 빼내심을 얻고 진실한 자들은 이기리로다"(계 17:14).

21. '인간 추수를 하라'는 마지막 말씀

"열매가 익으면 곧 낫을 대나니 이는 추수 때가 이르렀음이니라"(막 4:29).

"너희는 낫을 쓰라 곡식이 익었도다 와서 밟을지어다 포도주 틀이 가득히 차고 포도주 독이 넘치니 그들의 악이 큼이로다"(욜 3:13).

"너희가 넉 달이 지나야 추수할 때가 이르겠다 하지 아니하느냐 내가 너희에게 이르노니 눈을 들어 밭을 보라 희어져 추수하게 되었도다 거두는 자가 이미 삯도 받고 영생에 이르는 영생을 모으나니 이는 뿌리는 자와 거두는 자가 함께 즐거워하게 하려 함이니라 그런즉 한 사람이 심고 다른 사람이 거둔다 하는 말이 옳도다 내가 너희로 노력지 아니한 것을 거두러 보내었노니 다른 사람들은 노력하였고, 너희는 그들의 노력한 것에 참예하였느니라"(요 4:35~38).

"또 내가 보니 흰 구름이 있고 구름 위에 사람의 아들과 같은 이가 앉았는데 그 머리에는 금 면류관이 있고 그 손에는 이한 낫을 가졌더라"(계 14:14).

"이 후에 주께서 달리 칠십인을 세우사 친히 가시려는 각동 각처로 둘씩 앞서 보내시며 이르시되 추수할 것은 많되 일군이 적으니 그러므로 추수하는 주인에게 청하여 추수할 일군들을 보내어 주소서 하라 칠십인이 기뻐 돌아와 가로되 주여 주의 이름으로 귀신들도 우리에게 항복하더이다"(눅10:1~2,17).

"예수께서 이르시되 손에 쟁기를 잡고 뒤를 돌아보는 자는 하나님의 나라에 합당치 아니하니라 하시니라"(눅 9:62).

"손에 키를 들고 자기의 타작마당을 정하게 하사 알곡은 모아 곡간에 들이고 쭉정이는 꺼지지 않는 불에 태우시리라"(마 3:12).

“모든 민족을 그 앞에 모으고 각각 분별하기를 목자가 양과 염소를 분별하는 것 같이 하여”(마 25:32).

22. 마땅히 행할 길로 인도하는 여호와

나는 1975년부터 방송국, 신문기자, 청와대 등에 '고후 1:1~10'을 선포하기 위하여 온 힘을 다했습니다. 이 책은 칠십 평생을 눈물로 살면서 쓴 책이며, 예수님을 믿고 하나님을 내 아버지로 믿고 축복을 받으며 다 영생하고 구원받길 바라면서 체험한 것을 다 쓰진 못했으나 예레미야와 같은 사명을 다했습니다.

"너희의 구속자시오 이스라엘의 거룩하신 자이신 여호와께서 가라사대 나는 네게 유익하도록 가르치고 너를 마땅히 행할 길로 인도하는 너희 하나님 여호와라"(사 48:17).

"너희는 내게 배우고 받고 듣고 본 바를 행하라 그리하면 평강의 하나님이 너희와 함께 계시리라"(빌 4:9).

"우리를 거스르고 우리를 대적하는 의문에 쓴 증서를 도말하시고 제하여 버리사 십자가에 못 박으시고"(골 2:14).

"그러나 내게는 우리 주 예수 그리스도의 십자가 외에 결코 자랑할 것이 없으니 그리스도로 말미암아 세상이 나를 대하여 십자가에 못 박히고 내가 또한 세상을 대하여 그러하니라"(갈 6:14).

"자기 아들을 아끼지 아니하시고 우리 모든 사람을 위하여 내어주신 이가 어찌 그 아들과 함께 모든 것을 우리에게 은사로 주지 아니하시겠느뇨"(롬 8:32).

"나 주 여호와가 말하노니 내가 친히 내 양의 목자가 되어 그것들로 누워있게 할지라"(겔 34:15).

23. 안식일의 복

"안식일을 기억하여 거룩히 지키라 엿새 동안은 힘써 네 모든 일을 행할 것이나 제 칠일은 너의 하나님 여호와의 안식일인즉 너나 네 아들이나 네 딸이나 네 남종이나 네 여종이나 네 육축이나 네 문안에 유하는 객이라도 아무 일도 하지 말라 이는 엿새 동안에 나 여호와가 하늘과 땅과 바다와 그 가운데 모든 것을 만들고 제 칠일에 쉬었음이라 그러므로 나 여호와가 안식일에 복되게 하여 그 날을 거룩하게 하였느니라"(출 20:8~11).

안식일을 복되게 하여 그 날을 거룩하게 한다면 은혜 가운데 축복을 받을 것입니다. 오늘날 안식일은 주일로 지키고 있습니다. 교회에서 정해놓고 모여 예배드리는 날이 신약의 안식일이 됩니다.

"그리스도는 모든 믿는 자에게 의를 이루기 위하여 율법의 마침이 되시니라"(롬 10:4).

"또 너희의 범죄와 육체의 무할례로 죽었던 너희를 하나님이 그와 함께 살리시고 우리에게 모든 죄를 사하시고 우리를 거스르고 우리를 대적하는 의문에 쓴 증서를 도말하시고 제하여 버리사 십자가에 못 박으시고 정사와 권세를 벗어버려 밝히 드러내시고 십자가로 승리하셨느니라 그러므로 먹고 마시는 것과 절기나 월삭이나 안식일을 인하여 누구든지 너희를 폄론하지 못하게 하라"(골 2:13~16).

예수 그리스도께서는 모든 믿는 자를 위해 율법이 마침이 되셨습니다.

"하나님의 지으시던 일이 일곱째 날이 이를 때에 마치니 그 지으시던 일이 다하므로 일곱째 날에 안식하시니라"(창 2:2).

"꿈에 본즉 사닥다리가 땅 위에 섰는데 그 꼭대기가 하늘에 닿았고 또 본즉 하나님의 사자가 그 위에서 오르락내리락하고"(창 28:12).

"엿새 동안은 일할 것이나 제 칠일은 큰 안식일이니 여호와께 거룩한 것이라 무릇 안식일에 일하는 자를 반드시 죽일지니라"(출 31:15).

"내가 그 모든 희락과 절기와 월삭과 안식일과 모든 명절을 폐하겠고"(호 2:11).

안식일과 명절 그리고 여러 절기를 폐지한다고 예고합니다. 안식일을 폐지하고 우리 그리스도인에게 주일을 허락한 것은 성도를 사랑하기 때문입니다. 만일 한 번의 안식일을 안 지키면 죽여야 하는데 그러면 선민 이스라엘 사람도 전부 지키지 못해서 성경은 망했다고 기록합니다. 오직 신약에 안식일은 정한 날에 모이기를 힘쓰라고 하며 모이기를 힘쓰지 않는다면 주님을 대적하는 원수라고 신약은 강조합니다.

"만일 안식일에 네 발을 금하여 내 성일에 오락을 행치 아니하고 안식일을 일컬어 즐거운 날이라 여호와의 성일을 존귀한 날이라 하여 이를 존귀히 여기고 네 길로 행치 아니하며 네 오락을 구치 아니하며 사사로운 말을 하지 아니하면"(사 58:13).

안식일에 세상일을 중지하고 주님께 신령과 진정으로 예배함을 통해 복을 주십니다. 존귀한 날로 여겨 주일을 지키시고 은총을 받으시길 축복합니다. 오락도 행치 않는 것이 큰 복입니다. 주일 예배 후에는 전도나 신앙생활을 중단한 자들을 찾아가 주님 일을 하신다면 영육간에 형통과 축복이 옵니다.

"예수께서 진흙을 이겨 눈을 뜨게 하신 날은 안식일이라"(요 9:14).

주일에도 고통 받는 자에게 주님 권능으로 병을 치료하거나 생명 구원에는 예배 후에도 선한 일은 할 수 있다고 복음서는 기록합니다. 그러나 개인 욕심을 채우고자 하여 주일도 지키지 않고 정욕적인 행위를 한 자를 성경은 '요 15장'을 예로 들어 설명합니다. 성도를 가지로 비유하여 가지는 포도나무에 붙어 있어야 만사형통을 보장해주듯이, 주일을 오락과 재물과 금전에 미혹되거나 혹은 성적 쾌락을 추구해 주님을 위한 주일예배와 전도인의 생활을 중단한다면 잘려진 가지요 뽑힌 꽃이요 안개와 같고 비가 오지 않아서 강바닥에 모래가 드러나 그 위에 세운 집과 같은 신세가 됩니다.

성령의 감동으로 성전에 들어가매 마침 부모가 율법의 전례대로 행하고자 하여 그 아기 예수를 데리고 오는지라, "또 가라사대 안식일은 사람을 위하여 있는 것이요 사람이 안식일을 위하여 있는 것이 아니니"(막 2:27) "예수께서 대답하여 율법사들과 바리새인들에게 일러 가라사대 안식일에 병 고쳐주는 것이 합당하냐 아니하냐 저희가 잠잠하거늘 예수께서 그 사람을 데려다가 고쳐 보내시고 또 저희에게 이르시되 너희 중에 누가 그 아들이나 소나 우물에 빠졌으면 안식일에도 곧 끌어내지 않겠느냐 하시니"(눅 14:3~5), 율법사와 바리새인들에게 안식일의 올바른 지식을 교육하고 있습니다. 짐승이 우물에 빠지면 안식일에라도 곧 끌어내야 되듯 병든 자의 수치와 고통과 고민을 해결하는 데는 안식일에도 해야 한다고 예수님은 교훈을 하십니다.

주님께 정성을 드리지 않고 무성의한 의식과 안식일과 예물을 드리니 하나님은 가증스럽게 여기며 다시는 그런 행위는 중단하라고 하시면서 악행을 견디지 못하겠다고 합니다. 우리의 성의 없는 행위를 오늘날 그리스도인에게 구약의 말씀을 통해 교회 출입만 하되 주께 경건치 못하고 경외심도 없고 예수 그리스도를 대강 믿는 자를 지적하는 말씀입니다.

"예수께서 가라사대 네 마음을 다하고 목숨을 다하고 뜻을 다하여 주 너의 하나님을 사랑하라 하셨으니 이것이 크고 첫째 되는 계명이요 둘째는 그와 같으니 네 이웃을 네 몸과 같이 사랑하라 하셨으니 이 두 계명이 온 율법과 선지자의 강령이니라"(마 22:37~40).

"내가 네 행위를 아노니 네가 차지도 아니하고 더웁지도 아니하도다 네가 차든지 더웁든지 하기를 원하노라 네가 이같이 미지근하여 더웁지도 아니하고 차지도 아니하니 내 입에서 너를 토하여 내치리라"(계 3:15,16).

신앙심이 뜨겁든지 차갑든지 하라고 하십니다.

24. 자녀교육은 진리 안에서

"내 부모는 나를 버렸으나 여호와는 나를 영접하시리이다"(시 27:10).

어떤 부모는 하나님의 말씀 안에서 양육하여 자녀에게 존경을 받지만 그렇지 못한 부모는 자녀를 잃어버린 것입니다.

"너희는 너희 아비 마귀에게서 났으니 너희 아비의 욕심을 너희도 행하고자 하느니라 저는 처음부터 살인한 자요 진리가 그 속에 없으므로 진리에 서지 못하고 거짓을 말할 때마다 제 것으로 말하나니 이는 저가 거짓말쟁이요 거짓의 아비가 되었음이니라"(요 8:44).

"땅에 있는 자를 아비라 하지 말라 너희 아버지는 하나이시니 곧 하늘에 계신 자시니라"(마 23:9).

자기만 생각하고 이기적인 생활을 가르치면 부모의 자격이 없습니다.

"또 아비들아 너희 자녀를 노엽게 하지 말고 오직 주의 교양과 훈계로 양육하라"(엡 6:4).

"누구든지 하나님의 뜻대로 하는 자는 내 형제요 자매요 모친이니라"(막 3:35).

"마땅히 행할 길을 아이에게 가르치라 그리하면 늙어도 그것을 떠나지 아니하리라"(잠 22:6).

"채찍과 꾸지람이 지혜를 주거늘 임의로 하게 버려두면 그 자식은 어미를 욕되게 하느니라"(잠 29:15).

"아이를 훈계하지 아니치 말라 채찍으로 그를 때릴지라도 죽지 아니하리라"(잠 23:13).

"아들들아 아비의 훈계를 들으며 명철을 얻기에 주의하라 내 아들아 들으라 내 말을 받으라 그리하면 네 생명의 해가 길리라 내가 지혜로운 길로 네게 가르쳤으며 정직한 첩경으로 너를 인도하였은즉 다닐 때에 네 걸음이 곤란하지 아니하겠고 달려갈 때에 실족지 아니하리라 훈계를 굳게 잡아 놓치지 말고 지키라 이것이 네 생명이니라"(잠 4:1,10~13).

"사람에게 완악하고 패역한 아들이 있어 그 아비의 말이나 그 어미의 말을 순종치 아니하고 부모가 징책하여도 듣지 아니하거든 그 부모가 그를 잡아가지고 성문에 이르러 그 성읍 장로들에게 나아가서 그 성읍 장로들에게 말하기를 우리의 이 자식은 완악하고 패역하여 우리말을 순종치 아니하고 방탕하며 술에 잠긴 자라 하거든"(신 21:18~20).

"내가 어찌 너를 사하겠느냐 네 자녀가 나를 버리고 신이 아닌 것들로 맹세하였으며 내가 그들을 배불리 먹인즉 그들이 행음하며 창기의 집에 허다히 모이며 그들은 살찌고 두루 다니는 수 말 같이 각기 이웃의 아내를 따라 부르짖는도다 나 여호와가 이르노라 내가 어찌 이 일들을 인하여 벌하지 아니하겠으며 내 마음이 이런 나라에 보수하지 않겠느냐 너희는 그 성벽에 올라가 훼파하되 다 훼파하지 말고 그 가지만 꺾어버리라 여호와의 것이 아님이니라 나 여호와가 말하노라 이스라엘 족속과 유다 족속이 내게 심히 패역하였느니라 그들이 여호와를 인정치 아니하며 말하기를 여호와는 계신 것이 아닌즉 재앙이 우리에게 임하지 않을 것이요 우리가 칼과 기근을 보지 아니할 것이며"(렘 5:7~12).

"네가 네 아들에게 소망이 있은즉 그를 징계하고 죽일 마음은 두지 말지니라"(잠 19:18).

"여호와를 경외하는 것이 지식의 근본이어늘 미련한 자는 지혜와 훈계를 멸시하느니라"(잠 1:7).

"그는 훈계를 받지 아니함을 인하여 죽겠고 미련함이 많음을 인하여 혼미하게 되느니라"(잠 5:23).

"밤 초경에 일어나 부르짖을지어다 네 마음을 주의 얼굴 앞에 물 쏟듯 할찌어다 각 길머리에서 주려 혼미한 네 어린 자녀의 생명을 위하여 주를 향하여 손을 들지어다 하였도다"(애 2:19).

"마음이 혼미하던 자도 총명하게 되며 원망하던 자도 교훈을 받으리라 하셨느니라"(사 29:24).

"할렐루야, 여호와를 경외하며 그 계명을 크게 즐거워하는 자는 복이 있도다 그 후손이 땅에서 강성함이여 정직자의 후대가 복이 있으리로다 부요와 재물이 그 집에 있음이여 그 의가 영원히 있으리로다"(시편

112:1~3).

"너는 마음을 다하고 성품을 다하고 힘을 다하여 네 하나님 여호와를 사랑하라 또 네 집 문설주와 바깥 문에 기록할지니라 네가 채우지 아니한 아름다운 물건이 가득한 집을 얻게 하시며 네가 파지 아니한 우물을 얻게 하시며 네가 심지 아니한 포도원과 감람나무를 얻게 하사 너로 배불리 먹게 하실 때에 너는 조심하여 너를 애굽 땅 종 되었던 집에서 인도하여 내신 여호와를 잊지 말고"(신 6:5,9,11,12).

"너희는 이 일을 너희 자녀에게 고하고 너희 자녀는 자기 자녀에게 고하고 그 자녀는 후시대에 고할 것이니라"(요엘 1:3).

25. 술 취하지 말라

술 때문에 이성을 잃는다면 가정과 사회뿐만 아니라 자신의 불행은 물론이고 그 폐단은 뻔한 이치입니다. 그러므로 우리는 스스로 각성하고 절제하며 자신을 지켜야만 합니다.

"너희는 스스로 조심하라 그렇지 않으면 방탕함과 술취함과 생활의 염려로 마음이 둔하여지고 뜻밖에 그 날이 덫과 같이 너희에게 임하리라"(눅 21:34).

"술을 즐겨하는 자와 고기를 탐하는 자로 더불어 사귀지 말라"(잠 23:20).

"세월을 아끼라 때가 악하니라 그러므로 어리석은 자가 되지 말고 오직 주의 뜻이 무엇인가 이해하라 술 취하지 말라 이는 방탕한 것이니 오직 성령의 충만을 받으라"(엡 5:16~18).

"이기는 자는 이것들을 유업으로 얻으리라 나는 저의 하나님이 되고 그는 내 아들이 되리라 그러나 두려워하는 자들과 믿지 아니하는 자들과 흉악한 자들과 살인자들과 행음자들과 술객들과 우상 숭배자들과 모든 거짓말 하는 자들은 불과 유황으로 타는 못에 참예하리니 이것이 둘째 사망이라"(계 21:7~8).

하나님께서는 우리 인간들이 인격적인 사람들이 되어서 행복하게 잘 살기를 원하십니다. 알코올 중독이 되면 온전한 정신이 아니기 때문에 결코 옳은 것을 분별하지 못하고 그 사람은 버린 사람이 됩니다.

"근신하라 깨어라 너희 대적 마귀가 우는 사자같이 두루 다니며 삼킬 자를 찾나니 너희는 믿음을 굳게 하여 저를 대적하라 이는 세상에 있는 너희 형제들도 동일한 고난을 당하는 줄을 앎이니라"(벧전 5:8~9).

"내 아들아 악한 자가 너를 꾈지라도 좇지 말라"(잠 1:10).

"그런즉 너희는 너희 길과 행위를 고치고 너희 하나님 여호와의 목소리를 청종하라 그리하면 여호와께서 너희에게 선고하신 재앙에 대하여 뜻을 돌이키시리라"(렘 26:13).

그러므로 술의 종이 되지 말고 거룩하고 참되게 각색하고 도박을 삼가고 마약을 삼가야 합니다.

"내가 심중에 이르기를 의인과 악인을 하나님이 심판하시리니 이는 모든 목적과 모든 일이 이룰 때가 있음이라 하였으며"(전 3:17).

"욕심이 잉태한즉 죄를 낳고 죄가 장성한즉 사망을 낳느니라"(약 1:15).

우리 주위에는 아직도 노름과 오락 등으로 한순간의 희락을 즐기고 있는 사람들이 많습니다. 그러나 그것은 영원하지 못하여 멸망에 이를 수밖에 없습니다. 예수를 믿는 우리들은 진정으로 자신을 변화시키고 화목한 가정, 더 나아가 평화로운 사회를 개척해 나갈 의무가 있습니다.

26. 기도는 호흡이다

기도는 하나님과 대화

하루의 첫 시간을 하나님께 먼저 드려야 합니다. 하나님께 먼저 아뢴 다음에 일과를 시작해야 합니다.

"나는 너를 위하여 기도하기를 쉬는 죄를 여호와 앞에 결단코 범치 아니하고 선하고 의로운 도로 너희를 가르칠 것인즉"(삼상 12:23).

기도는 길을 걸을 때, 누웠을 때 등 쉬는 법이 없어야 합니다.

"내가 그를 나의 성산으로 인도하여 기도하는 내 집에서 그들을 기쁘게 할 것이며 그들의 번제와 희생은 나의 단에서 기꺼이 받게 되리니 이는 내 집은 만민의 기도하는 집이라 일컬음이 될 것임이라"(사 56:7).

"쉬지 말고 기도하라"(살전 5:17)

무시로 쉬지 말고 기도해야 합니다.

"다니엘이 이 조서에 어인이 찍힌 것을 알고도 자기 집에 돌아가서는 그 방의 예루살렘으로 향하여 열린 창에서 전에 행하던 대로 하루 세 번씩 무릎을 꿇고 기도하며 그 하나님께 감사하였더라"(단 6:10).

"예수께서 나가사 습관을 좇아 감람산에 가시매 제자들도 좇았더니 그 곳에 이르러 저희에게 이르시되 시험에 들지 않기를 기도하라 하시고 저희를 떠나 돌 던질 만큼 가서 무릎을 꿇고 기도하여 가라사대 아버지여 만일 아버지의 뜻이어든 이 잔을 내게서 옮기시옵소서 그러나 내 원대로 마옵시고 아버지의 원대로 되기를 원하나이다 하시니"(눅 22:39~42).

내 뜻을 버리고 아버지 뜻대로 맡겨야 합니다.

"집에 들어가시매 제자들이 종용히 묻자오되 우리는 어찌하여 능히 그 귀신을 쫓아내지 못하였나이까 이르시되 기도 외에 다른 것으로는 이런 유가 나갈 수 없느니라 하시니라"(막 9:28~29).

믿는 자에게는 능치 못할 일이 없습니다.

"내가 내 마음에 죄악을 품으면 주께서 듣지 아니하시리라"(시 66:18).

마음에 죄악을 품는다면 응답을 주시지 않습니다. 하나님의 마음에 맞게 기도를 해야 합니다.

"주께서 구름으로 스스로 가리우사 기도로 상달치 못하게 하시고"(애 3:44) 하나님의 뜻에 상달되지 않고 막는다.

"너희가 내 앞에 보이러 오니 그것을 누가 너희에게 요구하였느뇨 내 마당만 밟을 뿐이니라 너희가 손을 펼 때에 내가 눈을 가리우고 너희가 많이 기도할지라도 내가 듣지 아니하리니 이는 너희의 손에 피가 가득함이니라 네 방백들은 패역하여 도적과 짝하며 다 뇌물을 사랑하며 사례물을 구하며 고아를 위하여 신원치 아니하며 과부의 송사를 수리치 아니하는도다"(사 1:12,15,23).

열심히 기도한다고 해도 하나님의 뜻에 맞지 않으면 응답하지 않으십니다.

"너희는 알지 못하는 것을 예배하고 우리는 아는 것을 예배하노니 이는 구원이 유대인에게서 남이니라"(요 4:22).

"한나가 가로되 나의 주여 당신의 사심으로 맹세하나이다 나는 여기서 나의 주 당신 곁에 서서 여호와께 기도하던 여자라"(삼상 1:26).

한나의 기도를 들으신 것처럼 애절하게 기도하면 하나님께서 들으시고 응답하십니다.

"책을 취하시매 네 생물과 이십사 장로들이 어린 양 앞에 엎드려 각각 거문고와 향이 가득한 금 대접을 가졌으니 이 향은 성도의 기도들이라"(계 5:8).

27. 혀의 권세

"예루살렘이 멸망하였고 유다가 엎드러졌음은 그들의 언어와 행위가 여호와를 거스려서 그 영광의 눈을 촉범하였음이라"(사 3:8).

"그러므로 생명을 사랑하고 좋은 날 보기를 원하는 자는 혀를 금하여 악한 말을 그치며 그 입술로 궤휼을 말하지 말고"(벧전 3:10).

입술의 열매

"사람은 입의 열매로 인하여 복록을 누리거니와 마음이 궤사한 자는 강포를 당하느니라"(잠 13:2).

"이것이 너희의 쉴 곳이 아니니 일어나 떠날지어다 이는 그것이 이미 더러워졌음이라 그런즉 반드시 멸하리니 그 멸망이 크리라"(미 2:10).

"의인은 환난에서 구원을 얻고 악인은 와서 그를 대신하느니라 사특한 자는 입으로 그 이웃을 망하게 하여도 의인은 그 지식으로 말미암아 구원을 얻느니라"(잠 11:8~9).

"말이 많으면 허물을 면키 어려우나 그 입술을 제어하는 자는 지혜가 있느니라"(잠 10:19).

"혀는 능히 길들일 사람이 없나니 쉬지 아니하는 악이요 죽이는 독이 가득한 것이라"(약 3:8).

"누추함과 어리석은 말이나 희롱의 말이 마땅치 아니하니 돌이켜 감사하는 말을 하라"(엡 5:4).

"너희는 모든 악독과 노함과 분냄과 떠드는 것과 훼방하는 것을 모든 악의와 함께 버리고"(엡 4:31).

평안의 매는 줄로 성령의 하나 되게 하신 것을 힘써 지키라.

"미련한 자는 교만하여 입으로 매를 자청하고 지혜로운 자는 입술로 스스로 보전하느니라"(잠 14:3).

"삼가 말씀에 주의하는 자는 좋은 것을 얻나니 여호와를 의지하는 자가 복이 있느니라 마음이 지혜로운 자가 명철하다 일컬음을 받고 입이 선한 자가 남의 학식을 더하게 하느니라"(잠 16:20~21).

말 한마디에 천 냥 빚을 갚는다.

"여호와의 말씀에 내 생각은 너희 생각과 다르며 내 길은 너의 길과 달라서"(사 55:8).

"네가 만일 환난 날에 낙담하면 네 힘의 미약함을 보임이니라"(잠 24:10).

"두루 다니며 한담하는 자는 남의 비밀을 누설하나 마음이 신실한 자는 그런 것을 숨기느니라"(잠 11:13).

"육신의 생각은 하나님과 원수가 되나니 이는 하나님의 법에 굴복치 아니할 뿐 아니라 할수도 없음이라 육신에 있는 자들은 하나님을 기쁘시게 할 수 없느니라 만일 너희 속에 하나님의 영이 거하시면 너희가 육신에 있지 아니하고 영에 있나니 누구든지 그리스도의 영이 없으면 그리스도의 사람이 아니라 또 그리스도께서 너희 안에 계시면 몸은 죄로 인하여 죽은 것이나 영은 의를 인하여 산 것이니라 예수를 죽은자 가운데서 살리신 이의 영이 너희 안에 거하시면 그리스도 예수를 죽은 자 가운데서 살리신 이가 너희 안에 거하시는 그의 영으로 말미암아 너희 죽을 몸도 살리시리라 그러므로 형제들아 우리가 빚진 자로되 육신에게 져서 육신대로 살 것이 아니니라 너희가 육신대로 살면 반드시 죽을 것이로되 영으로써 몸의 행실로 죽이면 살리니"(롬 8:7~13).

"여호와께서 모든 아첨하는 입술과 자랑하는 혀를 끊으시리니"(시 12:3).

"거짓말하는 자를 멸하시리이다 여호와께서는 피 흘리기를 즐기고 속이는 자를 싫어하시나이다"(시 5:6).

속임 없이 진실하게 해야 합니다.

28. 택한 자를 하늘 이 끝에서 저 끝까지 모으라 하심

"딸 군대여 너는 떼를 모을 지어다 그들이 우리를 에워쌌으니 막대기로 이스라엘 재판자의 뺨을 치리로다"(미 5:1).

"서로 돌아보아 사랑과 선행을 격려하며"(히 10:24).

"예루살렘아 예루살렘아 선지자들을 죽이고 네게 파송된 자들을 돌로 치는 자여 암탉이 그 새끼를 날개 아래 모음같이 내가 네 자녀를 모으려 한 일이 몇 번이냐 그러나 너희가 원치 아니하였도다"(마 23:37).

어느 날 동네에서 전도를 하고 있는데 한 성도님이 식사 대접을 하겠다고 하기에 성도님 댁을 방문하면서 뭘 좀 사가지고 들어가야겠다는 생각에 조그마한 슈퍼에 들어갔다가 주머니 사정이 여의치 않아서 빈손으로 방문을 하게 되었습니다. 성도님은 내가 들어오는 것을 보고 거지 행상을 한 환상이 보였다고 합니다. 성도님께서 차려준 밥상에서 식사를 하는데 저 혼자 먹는 게 아니라 예수님과 같이 먹는 것을 보았다고 하시면서 또 병아리를 모으러 다니는 것이 보이더랍니다. 무슨 뜻이냐고 묻기에 "예루살렘아 예루살렘아 선지자들을 죽이고 네게 파송된 자들을 돌로 치는 자여 암탉이 그 새끼를 날개 아래 모음 같이 내가 네 자녀를 모으려 한 일이 몇 번이냐 그러나 너희가 원치 아니하였도다"(마 23:37).

"그때에 인자의 징조가 하늘에서 보이겠고 그때에 땅의 모든 족속들이 통곡하며 그들이 인자가 구름을 타고 능력과 큰 영광으로 오는 것을 보리라 저가 큰 나팔소리와 함께 천사들을 보내리니 저희가 그 택하신 자들을 하늘 이 끝에서 저 끝까지 사방에서 모으리라"(마 24:30,31).

"이르시되 나의 성도를 내 앞에 모으라 곧 제사로 나와 언약한 자니라 하시도다"(시 50:5).

"내가 대회로 인하여 근심하는 자를 모으리니 그들은 네게 속한 자라 너의 치욕이 그들에게 무거운 짐이 되었느니라"(습 3:18).

"여호와께서 말씀하시되 그날에는 내가 저는 자를 모으며 쫓겨난 자와 내가 환난받게 한 자를 모아"(미 4:6), "기를 세우시고 먼 나라들을 불러 땅 끝에서부터 오게 하실 것이라 보라 그들이 빨리 달려올 것이로되"(사 5:26), "보라 내가 그들을 북편 땅에서 인도하며 땅 끝에서부터 모으리니 그들 중에는 소경과 절뚝발이와 잉태한 여인과 해산하는 여인이 함께 하여 큰 무리를 이루어 이곳으로 돌아오되"(렘 31:8), "이스라엘의 왕인 여호와, 이스라엘의 구속자인 만군의 여호와가 말하노라 나는 처음이요 마지막이라 나 외에 다른 신이 없느니라 내가 옛날 백성을 세운 이후로 나처럼 외치며 고하며 진술할 자가 누구뇨 있거든 될 일과 장차 올 일을 고할지어다 너희는 두려워 말며 겁내지 말라 내가 예로부터 너희에게 들리지 아니하였느냐 고하지 아니하였느냐 너희는 나의 증인이라 나 외에 신이 있겠느냐 과연 반석이 없나니 다른 신이 있음을 알지 못하노라"(사 44:6~8).

"일어나라 빛을 발하라 이는 네 빛이 이르렀고 여호와의 영광이 네 위에 임하였음이니라 너를 섬기지 아니하는 백성과 나라는 파멸하리니 그 백성들은 반드시 진멸되리라 그 작은 자가 천을 이루겠고 그 약한 자가 강국을 이룰 것이라 때가 되면 나 여호와가 속히 이루리라"(사 60:1,12,22).

"그러므로 세상에 임하실 때에 가라사대 하나님이 제사와 예물을 원치 아니하시고 오직 나를 위하여 한 몸을 예비하셨도다 주께서 가라사대 그날 후로는 저희와 세울 언약이 이것이라 하시고 내 법을 저희 마음에 두고 저희 생각에 기록하리라"(히 10:5,16).

"내가 보니 한 손이 나를 향하여 펴지고 그 손에 두루마리 책이 있더라"(겔 2:9).

"불이 강처럼 흘러 그 앞에서 나오며 그에게 수종하는 자는 천천이요 그 앞에 시위한 자는 만만이며 심판을 베푸는데 책들이 펴 놓였더라"(단 7:10).

"여호와께서 내게 대답하여 가라사대 너는 이 묵시를 기록하여 판에 명백히 새기되 달려가면서도 읽을 수 있게 하라"(합 2:2).

29. 가뭄에 따른 재난

하나님의 백성들이 범죄함으로써 하나님께서 하늘 문을 닫게 하셔서 비를 주지 않는다고 하셨습니다. 이처럼 비까지도 하나님께서 섭리하시고 주관하시는데 가뭄이 오는 것도 우리들의 모습과 행동이 하나님 앞에 바르지 못한 증거임을 깨닫게 하기 위하여 이 글을 씁니다. 앞으로 우리는 때에 따라 비와 햇볕을 주시는 분이심을 깨닫고 하나님의 백성들이 그 주인이신 하나님을 인정하고 순종과 겸손으로 하나님 앞에 선다면 자연의 가문에서도 이겨 나갈 수 있음을 명심하시기 바랍니다. 우리가 하나님을 떠나 불순종하면 자연을 들어서도 재앙을 내리시지만 그것을 깨닫고 돌아온다면 이제라도 하나님은 복으로 채워주실 것입니다. 그 약속을 하나님께서는 말씀으로 주십니다.

자연이 인간에게 도움을 주고 인간이 살아가는 데 꼭 필요한 환경과 여건을 만들어 주라고 하나님께서 인간을 위해 만드셨는데 인간이 타락하고 약해지니까 자연까지도 오히려 피해를 주는 것 같아서 걱정하며 기도하는 중에 주시는 말씀입니다.

"만일 저희가 주께 범죄함을 인하여 하늘이 닫히고 비가 없어서 주의 벌을 받을 때에 이곳을 향하여 빌며 주의 이름을 인정하고 그 죄에서 떠나거든"(왕상 8:35).

"여호와께서 너희 땅에 이른 비, 늦은 비를 적당한 때에 내리시리니 너희가 곡식과 포도주와 기름을 얻을 것이요"(신 11:14).

"또 너희 마음으로 우리에게 이른 비와 늦은 비를 때를 따라주시며 우리를 위하여 추수 기한을 정하시는 우리 하나님 여호와를 경외하자 말하지도 아니하니"(렘 5:24~25).

"내가 어찌 너를 사하겠느냐 네 자녀가 나를 버리고 신이 아닌 것들로 맹세하였으며 내가 그들을 배불리 먹인즉 그들이 행음하며 창기의 집에 허다히 모이며"(렘 5:7).

"여호와께서 너를 위하여 하늘의 아름다운 보고를 열으사 네 땅에 때를 따라 비를 내리시고 네 손으로 하는 모든 일에 복을 주시리니 네가 많은 민족에게 꾸어줄지라도 너는 꾸지 아니할 것이요"(신 28:12).

이처럼 우리가 하나님의 뜻대로 살고 따르면 하나님께서는 하늘의 문을 여시고 보고를 열어 우리에게 보화를 부어주실 것입니다.

가뭄의 경고

1978년도에 있었던 일입니다. 봄에 비가 오지 않아서 농부들이 물을 실어다가 고추밭에 물을 주어서 힘들게 가꾸어 놓았는데 그해 수확기에 홍수가 나서 고추 값은 몇 배로 뛰었지만 홍수로 고추농사를 망치는 것을 보았습니다. 이처럼 하나님께서는 하나님께 불순종하고 하나님을 떠나 있으면 자연을 통해서도 역사하시고 징계를 하십니다.

1994년도에는 비가 너무 오지 않아 심한 가뭄이 들었습니다. 사람들이 먹을 식수도 모자랄 정도였고, 농사들도 모두 망치게 되었습니다. 목사님과 몇 사람이 모여 이대로 있어서는 안 되겠다고 생각하여 신문사에 얘기했습니다. 지금의 이 모든 자연재해는 인간들이 주인이신 하나님을 모르고 배반했기 때문에 생기는 일이며 백성들이 하나님 앞으로 돌아오기를 진정한 마음으로 회개기도를 해야 한다고 말했습니다. 그 이후에 비가 내렸던 적이 있었습니다.

"엘리야가 아합에게 이르되 올라가서 먹고 마시소서 큰비의 소리가 있나이다"(왕상 18:41).

"엘리야는 우리와 성정이 같은 사람이로되 저가 비 오지 않기를 간절히 기도한즉 삼년육개월 동안 땅에 비가 아니 오고"(약 5:17).

엘리야도 성전이 우리와 같은 사람이지만 사람들이 엘리야를 멸시하고 하나님을 등지니까 엘리야가 비가 오지 않기를 기도하니 3년 6개월 동안 비가 오지 않았다고 했습니다. 이처럼 모든 나라는 심한 가뭄 속에서 땅에는 풀 한포기 자라지 못했습니다. 그런데 다시 기도하니 비가 내렸다고 성경은 말합니다. 그러므로 하나님과 함께 하는 엘리야처럼 하나님께 구하고 하나님과 함께 한다면 자연도 우리에게 언제나 도움과 유익을 준다는 사실을 깨닫기 바랍니다.

"저가 구름으로 하늘을 덮으시며 땅을 위하여 비를 예비하시며 산에 풀이 자라게 하시며"(시 147:8).

"천하 만국 중에 그 왕 만군의 여호와께 숭배하러 예루살렘에 올라오지 아니하는 자에게는 비를 내리지 아니하실 것인즉"(슥 14:17).

제주도는 주로 보리와 고구마를 교대로 심었는데 그때 보리를 베고 나니 비가 오지 않았습니다. 비가 오지 않으면 다음에 심어야 하는 고구마를 심을 수가 없습니다. 그래서 나는 이장님에게 가서 이렇게 비가 오지 않는 것은 우리 인간이 하나님께 순종하며 구하지 않은 책임이라고 말씀을 전하고 전도를 하는데 마당에서 비가 뚝뚝 떨어지는 것이었습니다. 그래서 자연과 우리의 삶도 하나님의 뜻과 말씀대로 따르면 모든 것은 하나님께서 인도하시고 책임지신다는 것을 깨달았습니다.

그러므로 이런 하나님의 섭리를 모르는 불신자들에게 하루빨리 전도하고 믿는 자는 속히 하나님의 뜻을 깨달아 회개하고 돌아와야 하겠습니다. 우리가 하나님의 뜻을 깨달으면 하나님께서는 우리의 필요함과 원하심을 아시고 채워주신다는 말씀입니다.

30. 천재지변

1980년대에 일어난 일이었습니다. 날씨가 봄에는 더웠고 벼가 꽃이 필 무렵인 7월의 여름에 털 스웨터까지 입어야 할 정도로 갑자기 날이 추워졌습니다. 그렇게 2개월 정도 날이 추워지니까 논에서 자라는 벼가 피지도 못하고 쭉정이로 말라버려 그 해는 흉년이었습니다.

그해 전도를 다니는데 사람들의 얼굴이 모두 썩은 것 같이 보였습니다. 그렇게 1년만 흉년이 들어도 농부들 마음에 근심이 생기고 나라가 양식 걱정으로 난리가 나는데 우리는 자연재해를 천재지변이라고만 외칠 뿐 하나님에 대해서는 너무 무지한 것 같습니다. 그때 그렇게 기근이 오는 것을 보며 하나님께 기도를 드렸는데 주시는 말씀이 "그들이 청종하기를 싫어하여 등으로 향하며 듣지 아니하려고 귀를 막으며 회리바람으로 그들을 그 알지 못하던 모든 열국에 헤치리라 한 후로 이 땅이 황무하여 왕래하는 사람이 없었나니 이는 그들이 아름다운 땅으로 황무하게 하였음이니라 하시니라"(슥 7:11,14).

농부가 땀 흘려 잘 가꾸어 농사를 잘 지었다고 기뻐한들 하루아침에 태풍이 휩쓸고 가면 어떻게 되겠습니까? 세상을 열심히 사는 것도 중요하지만 그보다 먼저 하나님을 바로 알고 순종해야 함을 깨달아야 합니다.

1994년도에 있었던 일입니다. 중국으로 가는 배에서 밤 11시쯤에 물건이 떨어질 정도로 배가 몹시 흔들려서 같이 가던 사람들과 기도를 하는데 "예수께서 깨어 바람을 꾸짖으시며 바다더러 이르시되 잠잠하라 고요하라 하시니 바람이 그치고 아주 잔잔하여지더라"(막 4:39).

이 말씀을 놓고 예배를 드리며 기도를 하니 금방 배가 조용해졌습니다.

"제자들에게 이르시되 너희 믿음이 어디 있느냐 하시니 저희가 두려워하고 기이히 여겨 서로 말하되 저가 뉘기에 바람과 물을 명하매 순종하는고 하더라”(눅 8:25).

1986년도에 깨가 여물어 오기 시작할 때쯤 일기예보에서 태풍이 온다고 모두들 야단들이었습니다. 태풍이 오면 피땀 흘려 키운 깨가 모두 다 떨어질 텐데 하고 염려하며 기도를 하니 마침 태풍이 오는 도중에 사라져 피해를 입지 않은 적이 있었습니다. 그때에도 주시는 말씀이 “구하라 그러면 너희에게 주실 것이요 찾으라 그러면 찾을 것이요 문을 두르리라 그러면 너희에게 열릴 것이니”(마 7:7).

“주의 법을 사랑하는 자에게는 큰 평안이 있으니 저희에게 장애물이 없으리이다”(시 119:165).

“눈물을 흘리며 씨를 뿌리는 자는 기쁨으로 거두리로다”(시 126:5).

이런 것을 깨달았으니 이제 씨를 뿌릴 수 있는 것입니다. 모든 우주만물의 창조주이시고 주관자이신 여호와 하나님을 바로 알고 바로 믿을 때 하나님의 참 백성으로써 우리는 이 세상을 담대히 헤쳐 나갈 것입니다. 그러나 그렇지 못할 때는 자연을 들어서라도 우리 행위의 책임을 물으시는 공의의 하나님을 바라보면서 이제라도 하나님께 진심으로 순종하는 저와 여러분이 되시기를 주님의 이름으로 기도드립니다. 아멘

“주 여호와께서 가라사대 너는 손뼉을 치고 발을 구르며 말할지어다 오호라 이스라엘 족속아 모든 가증한 악을 행하므로 필경 칼과 기근과 온역에 망하되”(겔 6:11).

“네가 만일 네 하나님 여호와의 말씀을 순종하지 아니하여 내가 오늘날 네게 명하는 그 모든 명령과 규례를 지켜 행하지 아니하면 이 모든 저주가 네게 임하고 네게 미칠 것이니”(신 28:15).

31. 지진을 통한 경고

지진은 우리 신앙의 잠을 깨우기 위해 오는 재난입니다. 몇 년 전에 일본에 지진이 나고 얼마 전에 터키에 지진이 났습니다. 우리 한국도 몇 번의 지진으로 하나님께서 신앙의 잠을 깨우는 경고의 의미를 우리는 깨달아야 할 것입니다.

하나님께서는 이웃 나라만 걱정을 하고 있을 것이 아니라 이 나라도 걱정해야 할 것이라는 말씀을 주시면서 1978년 홍성에서 지진이 났을 때 새벽 2시반경에 땅이 흔들리며 지진이 나는 것을 느꼈는데 그때가 새벽기도 중이었습니다. 그때 나는 지진이라는 것을 처음 겪었지만 지진에 대한 말씀이 생각이 나서 성경을 보았습니다.

"민족이 민족을, 나라가 나라를 대적하여 일어나겠고 처처에 기근과 지진이 있으리니"(마 24:7).

이렇게 예언의 말씀이 생각이 나면서 "아! 지진이로구나 하나님의 경고로 지진이 나며 이렇게 하여 성경의 예언들이 이루어지는구나" 하는 생각이 들었습니다. 그러면서 기도하는 중에 주시는 말씀이 "그때에 인자의 징조가 하늘에서 보이겠고 그때에 땅의 모든 족속들이 통곡하며 그들이 인자가 구름을 타고 능력과 큰 영광으로 오는 것을 보리라"(마 24:30).

이것은 또한 하늘에서 보이는 인자의 징조라는 것이었습니다.

1995년 1월초경 일본 관서 대지진 때 하나님은 또 저에게 그 지진의 이유를 말씀해 주셨습니다. 그 이유가 일본은 종교적인 민족성은 가지고는 있으나 집집마다 조상신을 섬기고 국가적으로는 국가 신을 섬기는 것이 곧 우상을 섬기는 것이라고 하셨습니다. 그러므로 일본에 지진이 날 것이라고 말씀하시고 얼마 후에 지진이 났습니다. 이는 이미 성경에서 말씀하신 바와 같았습니다.

"처처에 큰 지진과 기근과 온역이 있겠고 또 무서운 일과 하늘로서 큰 징조들이 있으리라"(눅 21:11).

이렇게 지진이 날 것을 말씀하시고 그 지진이 있을 때 무엇 때문에 지진이 나는가를 사람들은 원인을 모른다는 것이었습니다. 사람들은 섬이니까 일본에 지진이 잘 일어난다고 상식적으로 여기지만 그 진정한 원인을 사람들은 모른다는 것입니다. 이런 재난이나 징조가 보이면 하나님의 말씀에 비추어 보고 우리의 모습을 살펴야 하는데 인간들은 그렇지 못하고 모든 것을 과학에 의존하며 자신만을 의지하고 있습니다.

"나는 여호와라 나 외에 다른 이가 없나니 나 밖에 신이 없느니라 너는 나를 알지 못하였을지라도 나는 네 띠를 동일 것이요"(사 45:5).

이것은 결국 유일한 신은 오직 여호와 하나님 자신뿐이라는 것을 알게 하시기 위함이라는 것입니다.

"이스라엘의 거룩하신 자 곧 이스라엘을 지으신 여호와께서 가라사대 장래 일을 내게 물으라 또 내 아들들의 일과 내 손으로 한 일에 대하여 내게 부탁하라"(사 45:11).

즉 모든 것을 여호와 하나님께 묻고 부탁하라는 말씀입니다.

"그러하나 진리의 성령이 오시면 그가 너희를 모든 진리 가운데로 인도하시리니 그가 자의로 말하지 않고 오직 듣는 것을 말하시며 장래 일을 너희에게 알리시리라 그가 내 영광을 나타내리니 내 것을 가지고 너희에게 알리겠음이니라"(요 16:13~14).

우리의 하나님은 우리에게 장래 일을 알려주신다고 말씀하십니다. 이렇게 일본에 지진이 나는 것을 자꾸 보여주시기에 일본에 가서 전도를 해야 되겠는데 전도를 안 하면 꼭 내게 무슨 일이 일어날 것만 같았습니다.

일본 전도

일본 전도를 놓고 고민하고 걱정하는 중에 1995년도에 무조건 일본에 가야겠다고 배낭을 메고 서울로 갔습니다. 그러나 일본 문화도 지리도 모르며 일본어도 전혀 할 줄 모르는 상황에서 마음만 가지고 일본에

간다는 것은 쉽지가 않았습니다. 결국 서울에서 제주도로 다시 돌아와 있다가 1998년도에 재일교포를 만나게 되었습니다. 자녀들은 일본에 있어서 기회가 된다면 일본에 전도하러 갈 수 있다고 생각하고 있는데, 재일교포였던 할아버지의 부인 제사를 지내러 일본엘 가는데 같이 가게 되었습니다. 전도할 기회라고 생각했지만 일본어를 전혀 할 수 없었던 저는 전도를 할 수가 없었습니다. 할아버지가 통역을 해줘야만 하는데 이번엔 제사 지내러 온 것이고 자녀들도 아직 신앙을 받을 준비가 되지 않았다고 다음으로 미루자고 하셨습니다. 결국 그렇게 입을 열지도 못하고 기도하는 중에 비행기의 양 날개가 부러지는 것을 보여주시는데 깨달음이 오기를, 할 일을 하지 않으면 날개 꺾인 비둘기처럼 쓸모가 없구나 하는 생각이 들었습니다. 그러던 중 1998년 3월 22일 말씀을 주시는데 "저희가 또 바알브올과 연합하여 죽은 자에게 제사한 음식을 먹어서 그 행위로 주로 격노케 함을 인하여 재앙이 그 중에 유행하였도다"(시 106:28~29).

하나님께 경배하고 순종해야 하는데 죽은 자를 마음과 정성으로 추모하는 것은 좋지만 소용없는 제사를 지내고 우상을 섬기듯 죽은 자를 신으로 받들어 모시고 제사를 지내는 것은 결코 안 된다는 것이었습니다. 그렇게 해야 할 일은 하지 않고 죽은 자에게 제사나 지내는 잘못을 범하니 당장 재앙이 왔습니다. 할아버지께서 계단을 내려오다가 넘어져 머리를 다쳤습니다. 하나님의 뜻을 물으며 기도하니 주시는 말씀이 "그 우상들을 섬기므로 그것이 저희에게 올무가 되었도다 저희가 그 자녀로 사신에게 제사하였도다 무죄한 피 곧 저희 자녀의 피를 흘려 가나안 우상에게 제사하므로 그 땅이 피에 더러웠도다"(시 106:36~38).

자녀들도 어려움을 당하게 되었는데 일본에 있는 할아버지의 큰 아들은 오토바이 사고로 크게 다쳤으며, 딸도 승용차를 타고 가다가 교통사고가 나서 큰 어려움을 겪는 일이 있었습니다. 그리고 저에게도 어려움이 오는데 머리가 빠지는 병에 걸리고, 저의 작은 아들이 오토바이 사고로 크게 다치는 어려움이 왔습니다. 이렇게 우리가 입을 열지 않고 해야 할 일을 하지 않으니 자녀들까지도 연단이 왔던 것을 생각하면서 하나님의 말씀대로 살고 행하지 않으면 연단이 올 수밖에 없다는 것을 깨달았습니다.

"향연이 성도의 기도와 함께 천사의 손으로부터 하나님 앞으로 올라가는지라 천사가 향로를 가지고 단 위의 불을 담아다가 땅에 쏟으매 뇌성과 음성과 번개와 지진이 나더라"(계 8:4~5).

백성들이 하나님의 뜻대로 살지 않으니 천사들을 들어서 지진으로도 호령하시고 깨우쳐 주신다는 말씀입니다.

1996년 12월 14일자 조선일보 기사 '13일 오후 1시 17초쯤 강원도 영월군 동쪽 약 20km지역(북위 37.2도, 동경 128.8도)에서 규모 4.5의 중형 지진이 발생하였다.' 78년 지진 관측이 시작된 이래 남북한을 통틀어 내륙에서 규모 4.5 이상의 지진이 발생한 것은 7번째이며 지진 82년 2월 14일 황해도 사리원 지진(규모 4.5) 이후 14년 만이다.

기상청은 '이번 지진은 발생 직후 지역에 따라 5~10초간 계속되었으며 제주도를 포함한 전국에서 진동이 감지되었다. 지진 감지 범위는 반경 450km 가량으로 넓은 편이었다' 고 밝혔다. 한국자원연구소는 첫 번째 진동 이후 17분 뒤인 이날 오후 1시 27분에 규모 2.5의 여진이 한 차례 관측되었다고 말하였다.

이날 지진은 특히 서울-경기 등 수도권 일대에서 건물이 흔들려 정밀작업이 불가능할 정도의 진동이 감지되었다. 시민들의 문의 전화가 기상청과 언론사에 빗발쳤으며 일부 시민들은 놀라 뛰쳐나오거나 친지에게 안부 전화를 하기도 하였다. 진앙지에서 가까운 강원도 영월군 중동 녹전1리 주민 고헌구(59)씨는 "갑자기 우르르 하는 소리와 함께 목욕탕 타일 10개가 떨어져 나갔다"고 말하였다. 서울지역에서도 지진이 생생히 감지되었다. 서울 종로구 관철동 3.1빌딩에서 근무하는 이기복(산업은행 시설관리 담당 대리)는 "지진 발생 직후 은행원들의 전화가 쇄도해 업무가 마비될 정도였다" 고 말하였다. 대전 중구 석교동-대흥동을 연결하는 송전시설의 애자가 진동에 의해 파손되면서 이 일대 1600여 가구가 20분 정도 정전되기도 하였다. 이번 지진을 포함해 올들어 기상청에 의해 관측된 지진은 모두 34회로 92년 15회, 93년 22회, 94년 25

회, 95년 29회 등 매년 증가추세다.

근래에 있었던 일본과 터키의 지진을 들어서 하나님의 명령을 우리에게 깨우쳐 주신 하나님께서는 이제는 대만의 지진을 보여주심으로써 우리 한국에도 경고의 메시지를 주십니다. 하나님을 열심히 믿는 나라는 괜찮겠지 하는 안도감이 우리에게 알게 모르게 만연해 있지만 진정으로 하나님을 섬기고 순종하는 백성이 얼마나 될까요?

하나님께서는 이 나라 이 백성이 진정으로 하나님께 돌아오지 않는다면 우리에게도 재난의 경고뿐만 아니라 실제로 닥칠 재난을 준비해야 할 것입니다. 그러기 전에 우리가 먼저 하나님께 돌아와 하나님의 참 백성의 모습으로 살아간다면 우리의 머리에 올려진 화로의 숯불이 영광의 면류관으로 바뀌질 것입니다. 우리 모두 이 영광을 받아 누리며 한국과 세계를 변화시키는 백성들이 되시기를 주님의 이름으로 기도드립니다. 아멘.

32. 홍수에 따른 재난

1995년 1월 초경이었습니다. 기도하는 중에 흰 소가 등에다가 짐을 지고서 유럽으로 가는 것을 보여주셨습니다. 그 후에 유럽이 홍수로 물난리가 나면서 도시를 휩쓸게 되었는데 그것을 TV뉴스로 보면서 기도 중에 주시는 말씀이 "그 사람들이 그같이 하여 젖 나는 소 둘을 끌어다가 수레를 메우고 송아지들은 집에 가두고"(삼상 6:10).

이것은 하나님께서 믿지 않는 자들에게는 재앙을 내리시고 하나님을 믿는 자들에게는 복을 내리시지만 이렇게 바로 믿지 못하면 하나님의 법궤가 가는 곳마다 재앙이 있음으로 보여 주셨습니다.

제가 충청도에 있을 때입니다. 홍수가 나니까 어떤 집은 짐을 싸놓고 두 사람이 떨고 앉아 있기에 기도 중에 하나님께서 그 집에 가보라고 하셨습니다. 그래서 그 집에 가니까 한 사람은 하나님을 믿는 집사님이었고 또 한 사람은 믿지 않는 사람이었습니다. 그 집에 가니 하나님께서 말씀을 주시는데 "여호와께서 홍수 때에 좌정하셨음이여 여호와께서 영영토록 왕으로 좌정하시도다"(시 29:10).

즉 여호와께서는 홍수도 주장하신다고 하셨습니다.

"이로 인하여 무릇 경건한 자는 주를 만날 기회를 타서 주께 기도할지라 진실로 홍수가 범람할지라도 저에게 미치지 못하리이다"(시 32:6).

하나님께 기도하고 간구하는 자에게는 홍수가 나도 멸하지 않는다는 말씀이셨습니다. 그래서 경건한 자는 하나님을 만나 그의 보호를 받는다는 두 구절을 약속하고 기도하니 물이 차츰 빠지는 것을 체험했습니다. 그런데 우리는 홍수가 나면 비가 얼마나 올 것이라고 일기예보를 바라보고 예측들을 많이 하는데 말씀을 보니 "또 무리에게 이르시되 너희가 구름이 서에서 일어남을 보면 곧 말하기를 소나기가 오리라 하나니 과연 그러하고 남풍이 붊을 보면 말하기를 심히 더우리라 하나니 과연 그러하니라 외식하는 자여 너희가 천지의 기상은 분변할 줄을 알면서 어찌 이 시대는 분변치 못하느냐"(눅 12:54~56).

일기는 예측하면서 하나님의 뜻과 징조를 모른다고 말씀하십니다. 그리하여 지금을 홍수 때와 같다고 하셨습니다.

몇 해 전인가 서울에 홍수가 나서 모두들 난리가 났기에 올케도 서울에 살고 해서 이 어려움도 하나님을 바로 믿지 못해서 하나님께서 내리시는 징조라는 것을 사람들에게 알리고 전도를 하기 위해 서울에 갔습니다. 홍수가 난 가운데도 계속 비는 내리고 있었습니다. 그런데 제가 서울에 도착해서 올케 집에 가니까 그렇게 심하게 오던 비가 그쳤습니다. 그러자 주위 사람들이 저를 보고 암행어사가 온 모양이라고 하였습니다. 암행어사가 오니 비가 그친 모양이라고 하길래 저는 그렇다고 예수님을 모시고 다니니까 암행어사와 같다고 하였습니다.

이렇듯 예수님을 증거 하러 가는 곳은 자연까지도 협력하여 선을 이루는 것을 깨달았습니다. 그리하여 서울에 비가 그치자 이번에는 부산에 폭우가 쏟아져 홍수가 나서 난리였습니다. 그래서 이번에는 부산으로 가서 이렇게 자연재해도 하나님의 뜻을 어김으로 받는 재앙이라는 것을 알리고 전도하기 위해 열차를 타고 부산에 도착하니 쏟아지던 폭우가 그치는 것이었습니다. 비가 그쳐 사람들은 집들을 치우느라고 정신들이 없었습니다. 이에 저는 무슨 복음 전도냐 하며 제주도로 돌아왔습니다. 그런데 제주도로 오는 도중에 저의 입에서 소리가 나오는데 네가 복음을 전하지 않고 가면 네 몸에서 두드러기가 날 것이라고 하는 것이었습니다. 그렇지만 저는 이미 출발하였던 터라 집으로 돌아왔습니다. 그런데 도착하자 온 몸과 얼굴에 두드러기가 벌겋게 나는 것을 보고 하나님은 정말 살아 계시다는 것을 깨달았습니다. 그러면서 성경 말씀을 깨닫게 하셨습니다.

"내가 복음을 전할지라도 자랑할 것이 없음은 내가 부득불 할 일임이라 만일 복음을 전하지 아니하면 내게 화가 있을 것임이로라"(고전 9:16).
여호와께서 사람의 죄악이 세상에 관영함과 그 마음의 생각의 모든 계획이 항상 악할 뿐임을 보시고 "내가 홍수에 땅에 일으켜 무릇 생명의 기식 있는 육체를 천하에서 멸절하리니 땅에 있는 자가 다 죽으리라"(창 6:5,17).

어느 날 제가 개울가에서 이불빨래를 하는데 갑자기 소나기가 퍼붓는 것이었습니다. 마침 앞에 한 사람이 빨래를 같이 하다가 주섬주섬 챙기는 것을 보고 저는 돌아앉아 하나님께 기도를 드렸습니다. 그랬더니 갑자기 비가 그쳐서 무사히 빨래를 해서 돌아온 적이 있습니다. 이렇게 하나님은 우리가 뜻에 맞게 구하면 자연까지도 우리의 기도에 동원하시고 들어주신다는 것을 체험케 하셨습니다. 어떤 때에는 장마에 토마토와 채소들을 심어 놓고 비에 떠내려가는 것을 보고 한숨을 짓고 있는 농부를 보았습니다. 저 농부가 불쌍하다고 하나님께 기도하는 중에 하나님께서는 응답하시고 비를 그쳐 그 어려움에서 헤어 나오는 것을 경험하기도 하였습니다.

이렇게 우리는 구하지 않아 받지 못하고 구하여도 정욕에 쓰려고 잘못 구하여서 살아 계신 하나님을 체험하지 못할 때가 많습니다.

진실로 하나님을 믿고 하나님의 뜻에 순종하는 자녀들에게는 자연도 도움을 주는 도구이지 해를 주지 않는다는 것을 홍수를 통해서도 깨닫게 하셨습니다. 이제 우리는 홍수 같은 자연재해를 매년 당하고 금년에는 특히 많은 재앙으로 우리가 피해를 입었습니다. 그러나 이 모든 것도 자연과 하나님께 바른 관계를 갖지 못한 우리의 책임이며 이제 많은 사람들이 하나님을 바로 알고 하나님께 돌아온다면 재앙도 피해가게 하실 것입니다.

"만군의 여호와가 이르노라 너희 열조의 날로부터 너희가 나의 규례를 떠나 지키지 아니하였도다 그런즉 내게로 돌아오라 그리하면 나도 너희에게로 돌아가리라 하였더니 너희가 이르기를 우리가 어떻게 하여야 돌아가리이까 하도다"(말 3:7).

이러한 재앙에 한숨만 짓고 하늘만 쳐다볼 것이 아니라 먼저 믿는 자들이 앞서 하나님께 무릎 꿇고 회개하며 기도함으로 하나님을 인정하는 주의 참 백성이 되기를 기도드립니다. 아멘.

33. 산성피를 알칼리성피로 바꾸자

"육체의 생명은 피에 있음이라 내가 이 피를 너희에게 주어 단에 뿌려 너희의 생명을 위하여 속하게 하였나니 생명이 피에 있으므로 피가 죄를 속하느니라"(레 17:11).

우리 몸에 흐르는 피가 좋아야만 하는데 그러기 위해서는 산성피가 되어서는 안 된다는 것입니다. 그래서 산성피를 알칼리성피로 만들기 위해서는 하나님께서 하라는 대로 해야 합니다. 그러므로 하나님의 말씀대로 하려면 "그들이 무덤 사이에 앉으며 은밀한 처소에서 지내며 돼지고기를 먹으며 가증한 물건의 국을 그릇에 담으면서"(사 65:4). 이 돼지고기가 산성피를 만듭니다. 그러므로 돼지고기를 먹으므로 하나님의 법을 어기고 저주를 받는다고 하셨습니다. 그래서 우리 현대인들은 돼지고기를 먹지 말라고 하면 그건 구약말씀이고 율법적이라며 무시해 버리는 경우가 많습니다. 그런데 우리가 십일조나 다른 말씀은 구약말씀이라도 잘 지키잖아요. 또 다른 말씀을 보겠습니다.

"스스로 거룩히 구별하며 스스로 정결케 하고 동산에 들어가서 그 가운데 있는 자를 따라 돼지고기와 가증한 물건과 쥐를 먹는 자가 다 함께 망하리라 여호와의 말씀이니라"(사 66:17).

이처럼 우리가 말씀을 지키며 살아야 되는데 그렇지 못합니다. 사람이 육식을 먹으면 완악해진다고 했는데 말씀을 보니 "여간 채소를 먹으며 서로 사랑하는 것이 살진 소를 먹으며 서로 미워하는 것보다 나으니라"(잠 15:17).

이것이 무슨 말씀입니까? 다니엘도 채소만을 먹으면서도 왕의 진미와 포도주를 마시는 사람들보다 얼굴이 더욱 아름답고 살이 더욱 윤택하였다고 했습니다. 하나님께서 어련히 아시고 우리 인간들에게 채식을 하라고 하셨겠습니까?

목사님들께서 유달리 몸보신하신다고 개고기를 좋아하는 것을 볼 수 있습니다. 그러나 그렇게 육식을 좋아하다 보면 서로 싸우고 물고 늘어지는 경우를 많이 볼 수 있습니다. 성경에도 목사님들은 싸우지 말라고 하셨는데 "마땅히 주의 종은 다투지 아니하고 모든 사람을 대하여 온유하며 가르치기를 잘하며 참으며"(딤후 2:24).

이렇게 다투지 않고 온유하려면 육식보다는 채식을 하여 피를 산성에서 알칼리성이 되어야 성질도 온순해진다는 것입니다.

저는 어릴 때부터 이러한 훈련으로 체험으로 깨닫게 하셨습니다. 저는 어릴 때는 개고기를 먹었습니다. 시골에서는 동네에서 개를 기르다가 여름이 되면 개를 잡아서 나눠먹으니 그러한 환경에서 자연스레 먹을 수밖에 없었습니다. 그러나 체험 후에는 먹지 않다가 시집가서 아이를 갖고 입덧을 하다가 임신 8개월 만에 전에 먹었던 개고기가 너무 먹고 싶었습니다. 그래서 시장에서 사다가 먹었는데 그러고서 허리를 다쳐 20일을 움직이지 못하게 되었습니다. 결국 8개월 만에 조산을 했는데, 죽은 애를 낳았습니다. 그 뿐만 아니라 태가 나오지 않아 고생을 했는데 때마침 집 앞을 지나던 무당이 집 안으로 들어오지는 않고 밖에서 하는 말이 이 집에 개고기를 먹어서 큰 일이 났구먼! 하면서 지나가는 것이었습니다. 귀신이 먼저 알아본다는 말이 맞는 것 같습니다. 그래도 제가 그것을 깨닫지 못하고 있는데 기도 중에 주시는 말씀이 "우리가 기도하는 곳에 가다가 점하는 귀신 들린 여종 하나를 만나니 점으로 그 주인들을 크게 이하게 하는지라"(행 16:16).

그래서 아! 이상하다며 참 잘 맞춘다고 생각은 했지만 그래도 깨닫지를 못했는데 개고기를 벽에다 주렁주렁 달아 놓고서 그것을 안 먹겠다고 약속을 하라면서 꿈으로 보여주셨습니다. 그래서 개고기를 다시는 먹지 않겠다고 약속을 하니까 상에 밥과 국을 차려 주시면서 네가 약속을 했으니 네게 상을 준다고 하셨습니다. 상을 주신 것은 의식주에 걱정 없이 해

주신다는 뜻이었습니다. 즉 하나님께서 약속을 지키면 복을 주시겠다는 말씀이었습니다.

그 이후로는 개고기는 보기도 싫고 먹는 사람을 봐도 그 사람들의 믿음이겠지만 체험을 한 저로서는 참 야속하게 느껴졌습니다. 모르니까 그러니 얘기를 해주어야 한다는 것을 깨닫고 이렇게 전하는 것입니다.

요즘엔 목사님들이 개고기를 많이들 좋아하시는 것 같습니다. 예수님이 다 폐하였으니 음식은 관계가 없다고 하시지만 바울 사도가 말했듯이 형제가 실족한다면 영원히 고기를 먹지 않겠다고 했는데 우리는 남을 의식하지 않는 것 같습니다.

"목자들은 우준하여 여호와를 찾지 아니하므로 형통치 못하며 그 모든 양떼는 흩어졌도다"(렘 10:21).

요즘은 강아지를 방에서 많이 키우는 집이 많은데, 이것은 강아지와 같이 망하게 되는 격이다.

"술을 즐겨하는 자와 고기를 탐하는 자로 더불어 사귀지 말라"(잠 23:20).

"그러나 고기를 그 생명 되는 피째 먹지 말 것이니라"(창 9:4).

그러니까 피째 먹지 말라는 것은 피가 생명이기 때문에 모두들 몸에 좋다고 짐승의 피를 많이들 먹는데 곧 죽음을 의미하는 것입니다.

저의 숙부님이 건강에 좋다며 사슴피를 자주 마셨습니다. 제가 제주도에 있고 숙부님은 충청도에 있었는데 하루는 기도를 하는 중에 숙부님의 얼굴이 퉁퉁 부어서 입에서 피가 나오는 것을 보여 주셔서 참 이상하다고 생각을 하였습니다. 그런데 얼마 후에 숙부님이 병환으로 입원을 했는데 계속 피를 쏟는다는 연락이 왔습니다. 결국 피를 먹다가 피를 쏟게 되는 것을 보니 그것이 죄악이라는 것을 깨달았습니다. 그래서 피를 먹지 않는 것을 우리가 상식적으로 알아야 할 것이며 이것은 하나님의 백성으로서 하나님의 법인 것을 깨달아야 할 것입니다.

옛날에 저도 음식에 포함되어 있는 피를 먹었습니다. 선지국을 끓이기 위해 선지를 가지고 국을 끓이고 있는데 감리교회 권사였던 제 조카사위가 선지국을 끓이고 있는 것을 보고는 “고모님 선지국을 잡수세요?”라고 묻는 것이었습니다. 조카사위는 선지국을 먹고서 가정예배를 드리는데 입이 안 떨어지더라는 것이었습니다. 그 말을 듣고 “먹으면 어때!”라고 말하는데 입술이 터지면서 부어오르는데 말을 못할 지경이었습니다. 이렇게 체험과 깨달음으로 훈련을 시켜서 말씀을 듣든지 안 듣든지 증거하라는 주님의 명령에 따라 이렇게 전합니다.

예수님의 피로 수혈 받아야 합니다.

“그러므로 예수도 자기 피로써 백성을 거룩게 하려고 성문 밖에서 고난을 받으셨으니라”(히13:12).

“예수께서 이르시되 내가 진실로 진실로 너희에게 이르노니 인자의 살을 먹지 아니하고 인자의 피를 마시지 아니하면 너희 속에 생명이 없느니라”(요6:53).

“내 살을 먹고 내피를 마시는 자는 영생을 가졌고 마지막 날에 내가 그를 다시 살리리니.”

“내 살은 참된 양식이요, 내피는 참된 음료로다.”

“내 살을 먹고 내피를 마시는 자는 내안에 거하고 나도 그 안에 거하나니.”

“살아계신 아버지께서 나를 보내시매 내가 아버지로 인하여 사는 것 같이 나를 먹는 그 사람도 나로 인하여 살리라”(요 6:54~57).

“살리는 것은 영이니 육은 무익하니라. 내가 너희에게 이른 말이 영이요 생명이라”(요6:63).

우리가 하나님의 몸 된 전인 것을 생각하면서 현대인의 성인병은 곧 육식으로 인한 산성화된 피가 원인임을 기억하시고 알칼리성의 피로 바꿔야 할 것입니다. 또한 하나님께서 먹지 말라고 하는 것을 삼감으로써 이 땅에서도 하나님의 백성 된 본분을 따르며 축복받는 여러분이 되시기를 기도드립니다. 아멘.

34. 깨끗한 양심에 믿음의 비밀

"깨끗한 양심에 믿음의 비밀을 가진 자라야 할지니 이에 이 사람들을 먼저 시험하여 보고 그 후에 책망할 것이 없으면 집사의 직분을 하게 할 것이요 여자들도 이와 같이 단정하고 참소하지 말며 절제하며 모든 일에 충성된 자라야 할지니라"(딤전 3:9).

"믿음과 착한 양심을 가지라 어떤 이들이 이 양심을 버렸고 그 믿음에 관하여는 파선하였느니라"(딤전1:19).

"물은 예수 그리스도의 부활하심으로 말미암아 이제 너희를 구원하는 표니 곧 세례라 육체의 더러운 것을 제하여 버림이 아니요 오직 선한 양심이 하나님을 향하여 찾아가는 것이라 선한 양심을 가지라 이는 그리스도 안에 있는 너희의 선행을 욕하는 자들로 그 비방하는 일에 부끄러움을 당하게 하려 함이라"(벧전 3:21,16).

"주의 사랑하시는 형제들아 우리가 항상 너희를 위하여 마땅히 하나님께 감사할 것은 하나님이 처음부터 너희를 택하사 성령의 거룩하게 하심과 진리를 믿음으로 구원을 얻게 하심이니 우리 주 예수 그리스도와 우리를 사랑하시고 영원한 위로와 좋은 소망을 은혜로 주신 하나님 우리 아버지께서 너희 마음을 위로하시고 모든 선한 일과 말에 굳게 하시기를 원하노라"(살후 2:13,16).

"사람의 행위가 자기 보기에는 모든 깨끗하여도 여호와는 심령을 감찰하시느니라 사람의 행위가 여호와를 기쁘시게 하면 그 사람의 원수라도 그로 더불어 화목하게 하시느니라 적은 소득이 의를 겸하면 많은 소득이 불의를 겸한 것보다 나으니라 사람이 마음으로 자기의 길을 계획할 지라도 그 걸음을 인도하는 자는 여호와시니라 하나님의 말씀이 왕의 입술에 있은즉 재판할 때에 그 입이 그릇하지 아니하리라"(잠언

16:2,7~10).

“하나님의 말씀과 기도로 거룩하여짐이니라 네가 이것으로 형제를 깨우치면 그리스도 예수의 선한 일군이 되어 믿음의 말씀과 네가 좇은 선한 교훈으로 양육을 받으리라”(딤전 4:5~6).

“영생은 곧 유일하신 참 하나님과 그의 보내신 자 예수 그리스도를 아는 것이니이다”(요 17:3).

35. 토지는 다 내 것임이라

“토지를 영영히 팔지 말 것은 토지는 다 내 것임이라 너희는 나그네요 우거하는 자로서 나와 함께 있느니라 네 동족이 빈한하게 되어 빈손으로 네 곁에 있거든 너는 그를 도와 객이나 우거하는 자처럼 너와 함께 생활하게 하되 너는 그에게 이식을 취하지 말고 네 하나님을 경외하여 네 형제로 너와 함께 생활하게 할것인즉 너는 그에게 이식을 위하여 돈을 꾸이지 말고 이익을 위하여 식물을 꾸이지 말라 이스라엘 자손은 나의 품군이 됨이라 그들은 내가 애굽 땅에서 인도하여 낸 나의 품군이요 나는 너희 하나님 여호와니라”(레위기 25:23,35~37,55).

“저가 모태에서 벌거벗고 나왔은즉 그 나온대로 돌아가고 수고하여 얻은 것을 아무 것도 손에 가지고 가지 못하리니 이것도 폐단이라 어떻게 왔든지 그대로 가리니 바람을 잡으려는 수고가 저에게 무엇이 유익하랴”(전 5:15).

“네가 이 세대에 부한 자들을 명하여 마음을 높이지 말고 정함이 없는 재물에 소망을 두지 말고 오직 우리에게 모든 것을 후히 주사 누리게 하시는 하나님께 두며 선한 일을 행하고 선한 사업에 부하고 나눠주기를 좋아하며 동정하는 자가 되게 하라 돈을 사랑함이 일만 악의 뿌리가 되나니 이것을 사모하는 자들이 미혹을 받아 믿음에서 떠나 많은 근심으로써 자기를 찔렀도다 오직 너 하나님의 사람아 이것들을 피하고 의와 경건과 믿음과 사랑과 인내와 온유를 좇으며 믿음의 선한 싸움을 싸우라 영생을 취하라 이를 위하여 네가 부르심을 입었고 많은 증인 앞에서 선한 증거를 증거하였도다”(딤전 6:17~18,10~12).

“예수께서 가라사대 네가 온전하고자 할진대 가서 네 소유를 팔아 가난한 자들을 주라 그리하면 하늘에서 보화가 네게 있으리라 그리고 와서 나를 좇으라 하시니 그 청년이 재물이 많으므로 이 말씀을 듣고 근심하며 가니라"(마 19:21~22).

"저희에게 이르시되 삼가 모든 탐심을 물리치라 사람의 생명이 그 소유의 넉넉한데 있지 아니하니라 하시고 또 내가 내 영혼에게 이르되 영혼아 여러 해 쓸 물건을 많이 쌓아 두었으니 평안히 쉬고 먹고 마시고 즐거워하자 하리라 하되 하나님은 이르시되 어리석은 자여 오늘 밤에 네 영혼을 도로 찾으리니 그러면 네 예비한 것이 뉘 것이 되겠느냐 하셨으니 자기를 위하여 재물을 쌓아 두고 하나님께 대하여 부요치 못한 자가 이와 같으니라"(눅 12:15,19~21).

"사람이 숭배하려고 만들었던 그 은 우상과 금 우상을 그 날에 두더쥐와 박쥐에게 던지고 암혈과 험악한 바위틈에 들어가서 여호와께서 일어나사 땅을 진동시키시는 그의 위엄과 그 광대하심의 영광을 피하리라 너희는 인생을 의지하지 말라 그의 호흡은 코에 있나니 수에 칠 가치가 어디 있느뇨"(사 2:20~22).

"나 곧 나는 여호와라 나 외에 구원자가 없느니라 내가 고하였으며 구원하였으며 보였고 너희 중에 다른 신이 없었나니 그러므로 너희는 나의 증인이요 나는 하나님이니라 여호와의 말이니라 과연 태초로부터 나는 그니 내 손에서 능히 건질 자가 없도다 내가 행하리니 누가 막으리요"(사 43:11~13).

36. 간음죄에서 벗어나자!

“남자가 유부녀와 통간함을 보거든 그 통간한 남자와 그 여자를 둘 다 죽여 이스라엘 중에 악을 제할지니라 처녀인 여자가 남자와 약혼한 후에 어떤 남자가 그를 성읍 중에서 만나 통간하면 너희는 그들을 둘 다 성읍 문으로 끌어내고 그들을 돌로 쳐 죽일 것이니 그 처녀는 성읍 중에 있어서도 소리 지르지 아니하였음이요 그 남자는 그 이웃의 아내를 욕보였음이라 너는 이같이 하여 너의 중에 악을 제할지니라”(신 22:22~24).

“남의 아내와 통간하는 자도 이와 같을 것이라 무릇 그를 만지기만 하는 자도 죄 없게 되지 아니하리라 도적이 만일 주릴 때에 배를 채우려고 도적질하면 사람이 그를 멸시치는 아니하려니와 들키면 칠 배를 갚아야 하리니 심지어 자기 집에 있는 것을 다 내어 주게 되리라 부녀와 간음하는 자는 무지한 자라 이것을 행하는 자는 자기의 영혼을 망하게 하며 상함과 능욕을 받고 부끄러움을 씻을 수 없게 되나니 그 남편이 투기함으로 분노하여 원수를 갚는 날에 용서하지 아니하고 아무 벌금도 돌아보지 아니하며 많은 선물을 줄지라도 듣지 아니하리라”(잠 6:29~35).

“남편은 집을 떠나 먼 길을 갔는데 은 주머니를 가졌은즉 보름에나 집에 돌아오리라 하여 여러 가지 고운 말로 혹하게 하며 입술의 호리는 말로 꾀므로 소년이 곧 그를 따랐으니 소가 푸주로 가는 것 같고 미련한 자가 벌을 받으려고 쇠사슬에 매이러 가는 것과 일반이라”(잠 7:19~22).

“나는 너희에게 이르노니 여자를 보고 음욕을 품는 자마다 마음에 이미 간음하였느니라”(마 5:28).

“주 여호와께서 가라사대 너는 손뼉을 치고 발을 구르며 말할지어다 오호라 이스라엘 족속이 모든 가증한 악을 행하므로 필경 칼과 기근과 온역에 망하되 먼 데 있는 자는 온역에 죽고 가까운 데 있는 자는 칼에 엎드러지고 남아 있어 에워싸인 자는 기근에 죽으리라 이같이 내 진노를 그들에게 이룬즉 그 살육당한 시체가 그 우상 사이에, 제단 사방에, 각 높은 고개에 모든 산꼭대기에, 모든 푸른 나무 아래에, 무성한 상수리나무 아래 곧 그 우상에게 분향하던 곳에 있으리니 너희가 나를 여호와인 줄 알리라"(겔 6:11~13).

"그리스도 예수의 사람들은 육체와 함께 그 정과 욕심을 십자가에 못 박았느니라 만일 우리가 성령으로 살면 또한 성령으로 행할지니 헛된 영광을 구하여 서로 격동하고 서로 투기하지 말지니라"(갈 5:24~26).

"우리가 스스로 행위를 조사하고 여호와께로 돌아가자 마음과 손을 아울러 하늘에 계신 하나님께 들자 우리의 범죄함과 패역함을 주께서 사하지 아니하시고 진노로 스스로 가리우시고 우리를 군축하시며 살육하사 긍휼을 베풀지 아니하셨나이다"(애 3:40~43).

37. 제사 문제

1975년 12월 25일 시어머니로부터 물려받은 첫 번째 제사였습니다. 시동생이 제주도에서 충주까지 제사를 모시러 왔습니다. 그러면서 고사리를 3접시 하라시기에 무슨 3접씩이나 하냐고 말했더니 "놔두시오" 하니깐 남편이 하는 말이 "네 형수가 교회를 다닌다"며 대변하였습니다. 나는 기도하면서 음식을 만들고 십자가를 그어가면서 제사상을 차렸습니다. 두 형제가 나란히 제사를 지내고 가족이 모여 음식을 먹으려 하는데 갑자기 시동생이 첫 숟가락에 입술을 깨물면서 간질을 하는 것이었습니다. 놀라서 정신이 없었지만 "저는 저들을 책임지지 못합니다, 도와주세요" 하면서 하나님께 기도를 드리며 뜻을 구하였습니다.

"대저 이방인의 제사하는 것은 귀신에게 하는 것이요 하나님께 제사하는 것이 아니니 나는 너희가 귀신과 교제하는 자 되기를 원치 아니하노라 너희가 주의 잔과 귀신의 잔을 겸하여 마시지 못하고 주의 상과 귀신의 상에 겸하여 참예치 못하리라 그러면 우리가 주를 노여워하시게 하겠느냐 우리가 주보다 강한 자냐"(고전 10:20~22).

"귀신이 어디서든지 저를 잡으면 거꾸러져 거품을 흘리며 이를 갈며 그리고 파리하여 가는지라 내가 선생의 제자들에게 내어쫓아 달라 하였으나 저희가 능히 하지 못하더이다 대답하여 가라사대 믿음이 없는 세대여 내가 얼마나 너희와 함께 있으며 얼마나 너희를 참으리요 그를 내게로 데려오라 하시매 이에 데리고 오니 귀신이 예수를 보고 곧 그 아이로 심히 경련을 일으키게 하는지라 저가 땅에 엎드러져 굴며 거품을 흘리더라 예수께서 이르시되 할 수 있거든이 무슨 말이냐 믿는 자에게는 능치 못할 일이 없느니라 하시니 이르시되 기도 외에 다른 것으로는 이런 유가 나갈 수 없느니라 하시니라"(막 9:18~20,23,29).

"이같이 여러 날을 하는지라 바울이 심히 괴로워하여 돌이켜 그 귀신에게 이르되 예수 그리스도의 이름으로 내가 네게 명하노니 그에게서 나오라 하니 귀신이 즉시 나오리라"(행 16:18).

그러면 어떻게 귀신을 내어 쫓을까요 기도했더니 "그러나 내가 하나님의 성령을 힘입어 귀신을 쫓아내는 것이면 하나님의 나라가 이미 너희에게 임하였느니라 사람이 먼저 강한 자를 결박하지 않고야 어떻게 그 강한 자의 집에 들어가 그 세간을 늑탈하겠느냐 결박한 후에야 그 집을 늑탈하리라"(마 12:28~29)라는 말씀을 주셨다.

이 이방인의 제사는 귀신에게 하는 것

이 말씀으로 기도했더니 귀신이 도망가고 깨끗해졌습니다. 이것이 하나님의 나라가 임한 것이 아니고 무엇이겠습니까? 이튿날 아침에 새마을 지도자가 왔습니다. 형님, 동생하는 사이기에 제사 음식을 나눌 겸 술 한 잔을 주고받는데 첫잔에 또 엊저녁처럼 시동생이 간질을 하는 것이었습니다. 두 번씩이나 너무나 놀라워서 어젯밤 있었던 이야기와 전도하게 하셨습니다.

"그들은 하나님께 제사하지 아니하고 마귀에게 하였으니 곧 그들의 알지 못하던 신, 근래에 일어난 새신, 너의 열조의 두려워하지 않던 것들이오다 너를 낳은 반석은 네가 상관치 아니하고 너를 내신 하나님은 네가 잊었도다 여호와께서 보시고 미워하셨으니 그 자녀가 그를 격노케 한 연고로다"(신 32:17~19).

"저희가 또 바알브올과 연합하여 죽은 자에게 제사한 음식을 먹어서 그 행위로 주를 격노케 함을 인하여 재앙이 그 중에 유행하였도다 때에 비느하스가 일어나 처벌하니 이에 재앙이 그쳤도다 이 일을 저에게 의로 정하였으니 대대로 무궁하리로다 저희가 또 므리바 물에서 여호와를 노하시게 하였으므로 저희로 인하여 얼이 모세에게 미쳤나니 이는 저희가 그 심령을 거역함을 인하여 모세가 그 입술로 망령되이 말하였음이로다 저희가 여호와의 명을 좇지 아니하여 이족들을 멸하지 아니하고 열방과 섞여서 그 행위를 배우며 그 우상들을 섬기므로 그것이 저희에게 올무가 되었도다 저희가 그 자녀로 사신에게 제사하였도다 무죄한 피 곧 저희 자녀의 피를 흘려 가나안 우상에게 제사하므로 그 땅이 피에 더러웠도다"(시 106:28~38).

동네마다 정월이 되면 성황당에 모여 제를 지냅니다. 제를 지낼 때 동네에 건실한 사람을 뽑아 잔을 올리게 하는데 친정조카가 올리게 되었습니다. 어려서 한두 번 교회는 갔지만 믿음도 없고 어른들이 시키시는 것이라 하게 됐는데 그날 밤 새벽 2시부터 아프기 시작하였다고 합니다. 소식을 듣고 조카에게 편지를 쓰기 시작했고 촛불기도도 시작했습니다. 그런데 느닷없이 촛불이 스스로 녹아버리는 것이었습니다. 촛불은 희생입니다. 희생하는 사람을 통해 깨닫는 사람이 있습니다. 애굽의 장자를 치는 것을 알게 하셨습니다.

조카부인 질부가 고모 예레미야 3:14을 보라 말합니다.

"나 여호와가 말하노라 패역한 자식들아 돌아오라 나는 너희 남편임이니라 내가 너희를 성읍에서 하나와 족속 중에서 둘을 택하여 시온으로 데려오겠고 내가 또 마음에 합하는 목자를 너희에게 주리니 그들이 지식과 명철로 너희를 양육하리라"(렘 3:14~15).

"지식 있는 네가 우상의 집에 앉아 먹는 것을 누구든지 보면 그 약한 자들의 양심이 담력을 얻어 어찌 우상의 제물을 먹게 되지 않겠느냐 그러면 네 지식으로 그 약한 자가 멸망하나니 그는 그리스도께서 위하여 죽으신 형제라"(고전 8:10~11).

설거지를 하는데 주유소 집사댁에 영육간에 세 사람이 죽게 되었으니 가보라는 것이었습니다. 가서 보니 시아버지, 시어머니, 며느리 집사까지 앓아 누워있었습니다. 며느리는 2개월째 숨이 가쁘고 무릎이 아파서 고통 중에 있었습니다. 며느리는 교회를 내 집처럼 섬기던 신실한 집사인데도 온 가족을 구원시키려고 계획하신 것 같았습니다. 예배를 드리면서 위 말씀들과 하나님 역사하신 것, 경험한 것들로 예배드리고 있는데 같은 교회 믿음 좋은 권사님이 들어오시면서 '지난 밤 꿈에 본 그 모습 그대로이네' 하면서 하나님 말씀으로 자기도 목욕을 하더라며 이야기를 했습니다. 더 놀라운 사실은 제사 때가 되어 시작은아버지가 제사 지내러 오셔서 제사상이 바뀌니까 왜 바뀌었냐며 형님께 묻자 면장까지 하신 형님이 하시는 말씀이 전에는 내가 하나님을 몰라서 제사를 지냈지만 이런 말씀(하나님 말씀)을 알고 나니 제사 지낼 필요가 없다며 동생도 형님을 따르게 하시어 결국은 온 가족을 기도하시게 하시는 하나님의 능력을 보고 말씀을 전하지 않을 수 없어서 이렇게 글을 쓰게 되었습니다.

하나님께 산 제사를 드리자

"그러므로 형제들아 내가 하나님의 모든 자비하심으로 너희를 권하노니 너희 몸을 하나님이 기뻐하시는 거룩한 산 제사로 드리라 이는 너희의 드릴 영적 예배니라 너희는 이 세대를 본받지 말고 오직 마음을 새롭게 함으로 변화를 받아 하나님의 선하시고 기뻐하시고 온전하신 뜻이 무엇인지 분별하도록 하라"(롬 12:1~2).

"아버지께 참으로 예배하는 자들은 신령과 진정으로 예배할 때가 오나니 곧 이때라 아버지께서는 이렇게 자기에게 예배하는 자들을 찾으시느라 하나님은 영이시니 예배하는 자가 신령과 진정으로 예배할찌니라"(요 4:23~24).

"하나님의 구하시는 제사는 상한 심령이라 하나님이여 상하고 통회하는 마음을 주께서 멸시치 아니하시리이다"(시 51:17).

"감사로 제사를 드리는 자가 나를 영화롭게 하나니 그 행위를 옳게 하는 자에게 내가 하나님의 구원을 보이리라"(시 50:23).

"이러므로 우리가 예수로 말미암아 항상 찬미의 제사를 하나님께 드리자 이는 그 이름을 증거하는 입술의 열매니라 오직 선을 행함과 서로 나눠주기를 잊지 말라 이 같은 제사는 하나님이 기뻐하시느니라 너희를 인도하는 자들에게 순종하고 복종하라 저희는 너희 영혼을 위하여 경성하기를 자기가 회계할 자인 것 같이 하느니라 저희로 하여금 즐거움으로 이것을 하게 하고 근심으로 하게 말라 그렇지 않으면 너희에게 유익이 없느니라"(히 13:15~17).

"엘리의 아들들은 불량자라 여호와를 알지 아니하더라 그 제사장들이 백성에게 행하는 습관을 이러하니 곧 아무 사람이 제사를 드리고 그 고기를 삶을 때에 제사장의 사환이 손에 세살 갈고리를 가지고 와서 그것으로 남비에나 솥에나 큰 솥에나 가마에 찔러 넣어서 갈고리에 걸려 나오는 것은 제사장이 자기 것으로 취하되 실로에서 무릇 그곳에 온 이스라엘 사람에게 이같이 할 뿐 아니라 이 소년들의 죄가 여호와 앞에 심히 큰은 그들이 여호와의 제사를 멸시함이었더라"(삼상 2:12~14,17).

"여호와는 죽이기도 하시고 살리기도 하시며 음부에 내리게도 하시고 올리기도 하시는도다 여호와는 가난하게도 부하게도 하시며 낮추기도 하시고 높이기도 하시는도다"(삼상 2:6).

"너희는 어찌하여 내가 나의 처소에서 명한 나의 제물과 예물을 밟으며 내 아들들을 나보다 더 중히 여겨 내 백성 이스라엘의 드리는 가장 좋은 것으로 스스로 살찌게 하느냐 그러므로 이스라엘의 하나님 나 여호와가 말하노라 내가 전에 네 집과 네 조상의 집이 내 앞에 영영히 행하리라 하였으나 이제 나 여호와가 말하노니 결단코 그렇게 아니하리라 나를 존중히 여기는 자를 내가 존중히 여기고 나를 멸시하는 자를 내게 경멸히 여기리라"(삼상 2:29~30).

불순종하면

"내가 세상에 화평을 주러 온 줄로 생각지 말라 화평이 아니요 겁을 주러 왔노라 내가 온 것은 사람이 그 아비와, 딸이 어미와, 며느리가 시어미와 불화하게 하려 함이니 사람의 원수가 자기 집안 식구리라"(마 10:34).

"주인의 뜻을 알고도 예비치 아니하고 그 뜻대로 행치 아니한 종은 많이 맞을 것이요 내가 불을 땅에 던지러 왔노니 이 불이 이미 붙었으면 내가 무엇을 원하리요 내가 세상에 화평을 주려고 온 줄로 아느냐 내가 너희에게 이르노니 아니라 도리어 분쟁케 하려 함이로라"(눅 12:47,49,51).

교회에 나가면서도 하나님을 잘못 믿으면 각색 재앙이 온다.

"오라 우리가 여호와께로 돌아가자 여호와께서 우리를 찢으셨으나 도로 낫게 하실 것이요 우리를 치셨으나 싸매어 주실 것임이라 여호와께서 이틀 후에 우리를 살리시며 제 삼일에 우리를 일으키시리니 우리가 그 앞에서 살리라 그러므로 우리가 여호와를 알자 힘써 여호와를 알자 그의 나오심은 새벽빛같이 일정하니 비와 같이, 땅을 적시는 늦은 비와 같이 우리에게 임하시리라 하리라 나는 인애를 원하고 제사를 원치 아니하며 번제보다 하나님을 아는 것을 원하노라"(호세아 6:1~3,6).

"양의 큰 목자이신 우리 주 예수를 영원한 언약의 피로 죽은 자 가운데서 이끌어 내신 평강의 하느님이 모든 선한 일에 너희를 온전케 하사 자기 뜻을 행하게 하시고 그 앞에 즐거운 것을 예수 그리스도로 말미암아 우리 속에 이루시기를 원하노라 영광이 그에게 세세무궁토록 있을지어다 아멘"(히 13:20~21).

"그러므로 세상에 임하실 때에 가라사대 하나님이 제사와 예물을 원치 아니하시고 오직 나를 위하여 한 몸을 예비하셨도다 주께서 가라사대 그날 후로는 저희와 세울 언약이 이것이라 하시고 내 법을 저희 마음에 두고 저희 생각에 기록하리라 하신 후에 또 저희 죄와 저희 불법을 내가 다시 기억지 아니하리라 하셨으니 이것을 사하셨은즉 다시 죄를 위하여 제사드릴 것이 없느니라"(히 10:5,16~18).

"여호와여 들으시고 나를 긍휼히 여기소서 여호와여 나의 돕는 자가 되소서 하였나이다"(시 30:10).

말씀대로 순종하고 사는 자에게는 내렸던 재앙이 복으로 바뀌었습니다.

"보라 내가 노와 분과 큰 분노로 그들을 쫓아 보내었던 모든 지방에서 그들을 모아내어 이곳으로 다시 인도하여 안전히 거하게 할 것이라 그들은 내 백성이 되겠고 나는 그들의 하나님이 될 것이며 내가 그들에게 한 마음과 한 도를 주어 자기들과 자기 후손의 복을 위하여 항상 나를 경회하게 하고 내가 그들에게 복을 주기 위하여 그들을 떠나지 아니하리라 하는 영영한 언약을 그들에게 세우고 나를 경외함을 그들의 마음에 두어 나를 떠나지 않게 하고 내가 기쁨으로 그들에게 복을 주되 정녕히 나의 마음과 정신을 다하여 그들을 이 땅에 심으리라 나 여호와가 이같이 말하노라 내가 이 백성에게 이 큰 재앙을 내린 것 같이 허락한 모든 복을 그들에게 내리리라"(렘 32:37~42).

38. 제사장 된 나라(장자나라)

세계가 다 내게 속하였나니

"세계가 다 내게 속하였나니 너희가 내 말을 잘 듣고 내 언약을 지키면 너희는 열국 중에서 내 소유가 되겠고"(출 19:5), 하나님은 이 말씀을 지킨 나라로 장자를 삼고 세계 열왕의 으뜸이 되게 하며(시 89:27), 하나님이 미리 아신 자들로 또한 그 아들의 형상을 본받게 하기 위하여 미리 정하셨으니 이는 그로 많은 나라 중에서 장자 나라가 되게 하려 하시길 원하십니다.

세계가 다 하나님께 속하였으니 우리 국민이 하나님의 말을 잘 듣고 하나님의 언약을 잘 지키면 우리나라는 여러 나라 가운데에서 하나님의 소유가 될 것입니다(롬 8:29). "너희는 택함 받은 족속이요 왕 같은 제사장이요 거룩한 나라요 그의 소유된 백성이니"(벧전 2:9), "그 입에는 진리의 법이 있고 그 입술에는 불의함이 없으며 화평과 정직한 중에서 하나님과 동행하며 많은 민족을 돌이켜 죄악에서 떠나게 해야 할 것이다"(말 2:6).

"여호와의 제사장이라 일컬음을 얻을 것이라 사람들이 우리를 하나님의 봉사자라 할 것이며 너희가 열방의 제물을 먹을 것이며 그들로부터 영광을 얻어 자랑할 것이며"(사 61:6), "하나님이 제사장으로 삼으셨나니"(계 5:10), "그러므로 모든 민족으로 제자를 삼아 아버지와 아들과 성령의 이름으로 세례를 주고"(마 28;19), "온 세계에 다니며 만민에게 복음을 전파해야 할 것이다"(막 6:15). "미쁘다 이 말이여 사람이 감독의 직분을 얻으려 하면 선한 일을 사모한다 함이로다"(딤전 3:1).

"이 은혜는 곧 우리 민족에게도 세계를 위하여 그리스도 예수의 일꾼이 되어 하나님의 복음의 제사장 직무를 맡게 하신 것이다"(롬 15:16).

"과거 이스라엘 민족이 하나님의 언약궤를 앞세워 여리고성을 무너뜨릴 때 선두에 섰던 제사장들처럼"(수 6:4~9) "이 시대의 선각자가 되어 어두운 세상 속에 있는 더러운 영과 귀신을 깨뜨리는 일에 앞장서야 할 것이다"(눅 19:5). "어두운 세상 속에 있는 성도들은 이제 피할 때이다. 하나님이 다시 오실 때 성도들에게 영광을 얻으시고 모든 믿는 자에게서 기이히 여김을 얻으실 것이다. 또한 예수의 이름이 우리 가운데에서 영광을 얻고 우리도 그 안에서 영광을 얻을 것이다"(살후 1:10~12). "하나님은 알파와 오메가요 이제도 있고 전에도 있었고 장차 올 자요 전능한 자이다"(계 1:8).

파숫군의 사명

"온 인류는 세계에 대하여 공동책임이 있으니 서로 지켜야 하겠으며 특히 우리나라도 파숫군을 세워서 지켜야 할 것이다"(겔 33:1~19).

"불순종하면 죽을 것이다"(렘 6:17). "여호와께서 집을 세우지 아니하시면 세우는 자의수고가 헛되면 여호와께서 성을 지키지 아니하시면 파숫군의 경성함이 허사로다 너희가 일찍이 일어나고 늦게 누우며 수고의 떡을 먹음이 헛되도다"(시 127:1~2). "그리스도인은 이 시대의 파수꾼이다 파수꾼이 가로되 아침이 오나니 밤도 오리라"(사 21:12). "파수꾼의 날 곧 그들의 형벌의 날이 임하였으니"(미 7:4) "파수꾼들의 다 소경이요 다 무지하며 벙어리 개라 능히 짖지 못하며 다 꿈꾸는 자요 잠자기를 좋아하는 자니"(사 56:10), "거짓 사도요"(고후 11:13), "만일 나팔이 분명치 못한 소리를 내면 누가 전쟁을 준비하리요"(고전 14:8). "시온에서 나팔을 불며 나의 성산에서 호각을 불어 이 땅 거민으로 다 떨게 할지니 이는 여호와의 날이 이르게 됨이라"(욜 2:1). "이제 임박하였으니 성읍에서 나팔을 불게 되고야 백성이 어찌 두려워하지 아니하겠으며 여호와의 시키심이 아니고야 어찌 재앙이 성읍에 임하겠느냐 두 사람이 의합지 못하고야 어찌 동행하겠느냐"(암 3:6,3).

39. 축복받은 한국

“세계가 다 내게 속하였나니 너희가 내 말을 잘 듣고 내 언약을 지키면 너희는 열국 중에서 내 소유가 되겠고 너희가 내게 대하여 제사장 나라가 되며 거룩한 백성이 되리라 너는 이 말을 이스라엘 자손에게 고할지니라”(출 19:5).

“오직 너희는 택하신 족속이요 왕 같은 제사장들이요 거룩한 나라요 그의 소유된 백성이니 이는 너희를 어두운데서 불러내어 그의 기이한 빛에 들어가게 하신 자의 아름다운 덕을 선전하게 하려 하심이라 너희가 전에는 백성이 아니더니 이제는 하나님의 백성이요 전에는 긍휼을 얻지 못하였더니 이제는 긍휼을 얻은 자니라”(벧전 2:9).

1. 가나안 새 역사를 이룩하려고 동방에 숨겨놓은 금수반도라
   말일에 섭리깊은 선민의 민족 여호와 사명받은 제사장 나라
   오호 영화로운 선민의 나라 이제야 누려보세 한국의 축복

2. 서글픈 약소민족 눈물 씻기시고 영광의 제이선민 삼으셨으니
   말일에 섭리깊은 선진국 민족 나가세 철장들고 세계만방에
   오호 영화로운 선민의 나라 이제야 누려보세 한국의 축복

3. 반만년 깊이 맺힌 민족의 숙원 육천년 묵어오던 인류의 소원
   말일에 섭리깊은 신정국 민족 열국왕 천하만민 부러워하리
   오호 영화로운 선민의 나라 이제야 누려보세 한국의 축복

40. 인간들의 뜻을 보자 하심

현숙한 여인

나는 가정부로 일을 해서 번 돈으로 화장품 장사를 하며 여러 동네의 가정마다 돌아다니면서 개인적으로나 가정적으로나 국가적으로 잘못된 것이 너무 많다는 것을 보았습니다. 이번에는 술집을 가보니까 술집 여자들이 귀신 떼로 보이면서 "네 딸을 더럽혀 기생이 되게 말라 음풍이 전국에 퍼져 죄악이 가득할까 하노라"(레 19:29).

이 말씀을 주신 것은 요즘 세상의 많은 여자들이, 가정주부들이 가정을 바르게 꾸리지 못하고 술집 기생들보다 더 타락하며 가정을 버리고 파탄하는 사람들이 많아서 이 말씀을 깨닫게 하기 위해서 이 말씀을 주셨습니다. 반면에 많은 사람들이 가정과 사회를 바르게 살아가는 훌륭한 분들이 많아서 감사를 드리며 더 훌륭한 분들이 많기를 기도드립니다.

"나의 성읍의 모든 여자를 인하여 내 눈이 내 심령을 상하게 하는도다"(애가 3:51).

"여자가 가로되 주여 내가 보니 선자자로소이다"(요 4:19).

"여자가 가로되 메시야 곧 그리스도라 하는 이가 오실 줄을 내가 아노니 그가 오시면 모든 것을 우리에게 고하시리이다 예수께서 이르시되 내게 말하는 내가 그로라 하시니라"(요 4:25~26).

"가라사대 가서 네 남편을 불러오라 여자가 대답하여 가로되 나는 남편이 없나이다 예수께서 가라사대 네가 남편이 없다 하는 말이 옳도다"(요 4:16~17).

"내가 아버지의 말씀을 저희에게 주었사오매 세상이 저희를 미워하였사오니 이는 내가 세상에 속하지 아니함같이 저희도 세상에 속하지 아니함을 인함이니이다"(요 17:14).

"너희는 이르기를 어찜이니까 하는도다 이는 너와 너의 어려서 취한 아내 사이에 여호와께서 일찍이 증거하셨음을 인함이니라 그는 네 짝이요 너와 맹약한 아내로되 네가 그에게 궤사를 행하도다 이스라엘의 하나님 여호와가 이르노니 나는 이혼하는 것과 학대로 옷을 가리우는 자를 미워하노라 만군의 여호와의 말이니라 그러므로 너희 심령을 삼가 지켜 궤사를 행치 말지니라"(말 2:14,16).

"서기관들과 바리새인들이 간음 중에 잡힌 여자를 끌고 와서 가운데 세우고 예수께서 말하되 선생이여 이 여자가 간음하다가 현장에서 잡혔나이다 저희가 묻기를 마지 아니하는지라 이에 일어나 가라사대 너희 중에 죄 없는 자가 먼저 돌로 치라 하시고 예수께서 일어나사 여자 외에 아무도 없는 것을 보시고 이르시되 여자여 너를 고소하던 그들이 어디 있느냐 너를 정죄한 자가 없느냐 너희 율법에도 두 사람의 증거가 참되다 기록하였으니"(요 8:3~4,7,10,17) 예수님은 말씀하십니다.

"처녀 이스라엘아 너를 위하여 길표를 세우며 너를 위하여 표목을 만들고 대로 곧 네가 전에 가던 길에 착념하라 돌아오라 네 성읍들로 돌아오라 패역한 딸아 네가 어느 때까지 방황하겠느냐 여호와가 새 일을 세상에 창조하였나니 곧 여자가 남자를 안으리라"(렘 31:21~22).

요나처럼 되지 말자

신문 광고 내라 하시기에 신문기자한테 갔더니 목자들 예언한 것이 이뤄진 게 뭐가 있느냐고 아주머니도 집에 가서 살림이나 잘하라고 하여 그냥 집으로 돌아왔는데 요나 같은 사람이 되지 말라고 계시가 왔는데도 전하지 못하고 왔더니 3일 동안 얼마나 아프게 하시면서 "두려워 말라 네가 수치를 당치 아니하리라 놀라지 말라 네가 부끄러움을 보지 아니하리라 네가 네 청년 때의 수치를 잊겠고 과부 때의 치욕을 다시 기억함이 없으리니 이는 너를 지으신 자는 네 남편이시라 그 이름은 만군의 여호와시며 네 구속자는 이스라엘의 거룩한 자시라 온 세상의 하나님이라 칭함을 받으실 것이며 여호와께서 너를 부르시되 마치 버림을 입어 마음에 근심하는 아내 곧 소시에 아내가 되었다가 버림을 입은 자에게 함같이 하실 것임이니라 네 하나님의 말씀이니라"(사 54:4) 하셨습니다.

"너희는 이전 일을 기억하지 말며 옛적 일을 생각하지 말라"(사 43:18).

두 딸의 다리가 한쪽씩 틀어지면서 "여호와의 말씀이 또 내게 임하여 가라사대"(겔 24:15), "그러나 그가 먼저 많은 고난을 받으며 이 세대에게 버린바 되어야 할지니라 노아의 때에 된 것과 같이 인자의 때에도 그러하리라 노아가 방주에 들어가던 날까지 사람들이 먹고 마시고 장가들고 시집가더니 홍수가 나서 저희를 다 멸하였으며 또 롯의 때와 같으리니 사람들이 먹고 마시고 사고팔고 심고 집을 짓더니 롯의 소돔에서 나가던 날에 하늘로서 불과 유황이 비오 듯하여 저희를 멸하였느니라 인자의 나타나는 날에도 이러하리라"(눅 17:25~30).

"내가 너희에게 이르노니 속히 그 원한을 풀어 주시리라 그러나 인자가 올 때에 세상에서 믿음을 보겠느냐 하시니라 내가 진실로 너희에게 이르노니 누구든지 하나님의 나라를 어린 아이와 같이 받들지 않는 자는 결단코 들어가지 못하리라 하시니라 이르시되 내가 진실로 너희에게 이르노니 하나님의 나라를 위하여 집이나 아내나 형제나 부모나 자녀를 버린 자는 금세에 있어 여러 배를 받고 내세에 영생을 받지 못할 자가 없느니라 하시니라"(눅 18:8,17,29).

"모세가 놋뱀을 만들어 장대 위에 다니 뱀에게 물린 자마다 놋뱀을 쳐다본즉 살더라"(민 21:9).

"모세가 광야에서 뱀을 든 것 같이 인자도 들려야 하리니 이는 저를 믿는 자마다 영생을 얻게 하려 하심이니라 하나님이 세상을 이처럼 사랑하사 독생자를 주셨으니 이는 저를 믿는 자마다 멸망치 않고 영생을 얻게 하려 하심이니라 하나님이 그 아들을 세상에 보내신 것은 세상을 심판하려 하심이 아니요 저로 말미암아 세상이 구원을 받게 하려 하심이라 저를 믿는 자는 심판을 받지 아니하는 것이요 믿지 아니하는 자는 하나님의 독생자의 이름을 믿지 아니하므로 벌써 심판을 받은 것이니라"(요 3:14~18).

"예수께서 가라사대 여우도 굴이 있고 공중의 새도 집이 있으되 인자는 머리 둘 곳이 없도다 하시고 또 다른 사람에게 나를 좇으라 하시니 그가 가로되 나로 먼저 가서 내 부친을 장사하게 허락하옵소서 가라사대 죽은 자들로 자기의 죽은 자들을 장사하게 하고 너는 가서 하나님의 나라를 전파하라 하시고 또 다른 사람이 가로되 주여 내가 주를 좇겠나이다 마는 나로 먼저 내 가족을 작별케 허락하소서 예수께서 이르시되 손에 쟁기를 잡고 뒤를 돌아보는 자는 하나님의 나라에 합당치 아니하니라 하시니라"(눅 9:58~62).

"말씀을 주시면서 너는 여기 매이면 안 된다 하셨는데 사모님이 개업하는데 가자고 하여 가는 도중 신작로 한복판에서 넘어져서 바지에 구멍이 나고 무릎이 깨지면서 계시가 오니(행 16:7) 주의 영이 하라는 대로 "이 사람들은 여자로 더불어 더럽히지 아니하고 정절이 있는 자라 어린양이 어디로 인도하든지 따라가는 자며 사람 가운데서 구속을 받아 처음 익은 열매로 하나님과 어린 양에게 속한 자들이니 그 입에 거짓말이 없고 흠이 없는 자들이더라"(계 14:4~5).

어린 양이 인도하는 대로 "이제 내가 사람들에게 좋게 하랴 하나님께 좋게 하랴 사람들에게 기쁨을 구하랴 내가 지금까지 사람의 기쁨을 구하는 것이었더면 그리스도의 종이 아니니라 형제들아 내가 너희에게 알게 하노니 내가 전한 복음이 사람의 뜻을 따라 된 것이 아니라 이는 내가 사람에게서 받은 것도 아니요 배운 것도 아니요 오직 예수 그리스도의 계시로 말미암은 것이라"(갈 1:10~12).

"그 날들을 감하지 아니할 것이면 모든 육체가 구원을 얻지 못할 것이나 그러나 택하신 자들을 위하여 그 날들을 감하시리라"(마 24:22).

41. 귀신의 올무에 걸리지 말라

제가 몸이 아파 누워 있는데 성령께서 무엇을 하라는 뜻으로 무당 두 사람을 보여 주며 굿을 하라는 것이었습니다.

서울 무당에게는 11만원을 주고 또 한 무당에게는 만천원을 주어서 굿을 하라는데 굿을 하기 전에 그 무당 얼굴을 보여주시고 돈 쓸 것까지 보여 주시는 것입니다. 그리고는 그 무당들이 어떻게 되는가 체험하게 하셨습니다.

서울 무당이라는 사람한테는 11만원을 쓰면서 시험을 하는데 무당이 자기 입으로 인간은 공수래 공수거다. 그리고 예언한다고 하는 말이 자기들의 권리를 제가 빼앗아 간다고 자기들 입으로 말하는 것이었습니다. 그리고 또 주시는 말씀이(미가 5:12), 무당집이 되어가는 것을 보이며 계란 3개씩 주라고 하셨습니다. 계란은 곧 부활을 상징하는데 그들을 부활시키라는 말씀으로 이해했습니다. 또한 실타래를 보여주셔서 이는 부활한다는 뜻으로 알아차렸습니다.

"저가 내게 말하기를 네가 많은 백성과 나라와 방언과 임금에게 다시 예언하여야 하리라 하더라"(계 10:11).

"만군의 여호와께서 가라사대 내가 이것을 발하였나니 도적의 집에도 들어가며 내 이름을 가리켜 망령되이 맹세하는 자의 집에도 들어가서 그 집에 머무르며 그 집을 그 나무와 그 돌을 아울러 사르리라 하셨느니라"(슥 5:4).

"한 바리새인이 예수께 자기와 함께 잡수시기를 청하니 이에 바리새인의 집에 들어가 앉으셨을 때에 그 동네에 죄인인 한 여자가 있어 예수께서 바리새인의 집에 앉으셨음을 알고 향유 담은 옥합을 가지고 와서 가라사대 빚 주는 사람에게 빚진 자가 둘이 있어 하나는 오백 데나리온을 졌고 하나는 오십 데나리온을 졌는데 갚을 것이 없으므로 둘 다 탕감하여 주었으니 둘 중에 누가 저를 더 사랑하겠느냐 너는 내게 입맞추지 아니하였으되 저는 내가 들어올 때로부터 내 발에 입맞추기를 그치지 아니하였으며 예수께서 여자에게 이르시되 네 믿음이 너를 구원하였으니 평안히 가라 하시니라"(눅 7:36~37,41~42,45,50).

"너는 무당을 살려 두지 말지니라"(출 22:18).

무당이 말하기를 공수가 내린다. 무당이 굿을 하기 전에 말하기를 봉선이가 자기들 권리를 빼어간다. 무당이 말을 하고 성령께서 칠성당, 산신당, 서낭당을 다 없애라고 하셨습니다.

거짓말 하는 자의 징조를 폐하며(사 44:25), 점치는 자를 미치게 하여 지혜로운 자들을 물리쳐 그 지식을 어리석게 하며(사 44:25), "그 동네에 죄인인 한 여자가 있어 예수께서 바리새인의 집에 앉으셨음을 알고 향유 담은 옥합을 가지고 와서"(눅7:37), '죄인은 나 봉선이가 죄인입니다' 하고 고백했습니다.

"내가 또 복술을 너의 손에서 끊으리니 네게 다시는 점쟁이가 없게 될 것이며"(미 5:12), "이같이 여러 날을 하는지라 바울이 심히 괴로워하여 돌이켜 그 귀신에게 이르되 예수 그리스도의 이름으로 내가 네게 명하노니 그에게서 나오라 하니 귀신이 즉시 나오니라"(행 16:18). 귀신이 "혹이 너희에게 고하기를 지절거리며 속살거리는 신접한 자와 마술사에게 물으라 하거든 백성이 자기 하나님께 구할 것이 아니냐 산 자를 위하여 죽은 자에게 구하겠느냐 하라"(사 8:19).

무당집인 홍길동 집에 거하게 하시더니 정치가, 위정자가 점치러 오는 것을 보여주며 나에게 체험하게 하셨습니다.

"그 땅에는 우상도 가득하므로 그들이 자기 손으로 짓고 자기 손가락으로 만든 것을 공경하며"(사 2:8), "다른 이로서는 구원을 얻을 수 없나니 천하 인간에 구원을 얻을만한 다른 이름을 우리에게 주신 일이 없음이니라 하였더라"(행 4:12).

무당며느리가 기와지붕 위에서 웃는 것을 보여서 무슨 일이 있느냐 하니까 몇년 전에 기와지붕 한 대가를 주지 못하여 그렇다고 이렇게 무당을 믿으면 힘들다고 보여주셨습니다. 결혼할 때 행상이 지나가서 살풀이를 해주어야 한다고 하기에 하나님께 의탁하여야지, 무당이 밤새 눈이 아파 병원에 가니까 눈을 빼라 하기에 복음을 전하면서 기도하니까 그 즉시로 고침받았다(눅 11:34). 눈은 하나님이 주신 등불인데 눈을 빼면 안 된다는 말씀을 이해시켜 주셨다.

"누가 철학과 헛된 속임수로 너희를 노략할까 주의하라 이것이 사람의 유전과 세상의 초등 학문을 좇음이요 그리스도를 좇음이 아니니라"(골 2:8).

"네가 만일 네 입으로 예수를 주로 시인하며 또 하나님께서 그를 죽은 자 가운데서 살리신 것을 네 마음에 믿으면 구원을 얻으리니 사람이 마음으로 믿어 의에 이르고 입으로 시인하여 구원에 이르느니라 누구든지 주의 이름을 부르는 자는 구원을 얻으리라"(롬 10:9~10,13).

"그 때에 인자가 구름을 타고 큰 권능과 영광으로 오는 것을 사람들이 보리라 멸망의 가증한 것이 서지 못할 곳에 선 것을 보거든(읽는 자는 깨달을진저) 그 때에 유대에 있는 자들은 산으로 도망할지어다"(막 13:26,14). 예수님은 구름타고 오셔서 청산하신다.

"내가 이 책의 예언의 말씀을 듣는 각인에게 증거 하노니 만일 누구든지 이것들 외에 더하면 하나님이 이 책에 기록된 재앙들을 그에게 더하실 터이요 만일 누구든지 이 책의 예언의 말씀에서 제하여 버리면 하나님이 이 책에 기록된 생명 나무와 및 거룩한 성에 참예함을 제하여 버리시리라 이것들을 증거하신 이가 가라사대 내가 진실로 속히 오리라 하시거늘 아멘 주 예수여 오시옵소서"(계 22:18~20).

42. 6.25 전쟁 속에 숨겨진 하나님의 뜻

하나님께서는 어떠한 일을 이루실 때 항상 선지자를 통하여 먼저 예언이나 경고의 말씀들을 주시고, 그 후에 말씀하신 일들을 성취하십니다.

"주 여호와께서는 자기의 비밀을 그 종 선지자들에게 보이지 아니하시고는 결코 행하심이 없으시리라"(암 3:7)

"일곱째 천사가 소리 내는 날 그의 나팔을 불려고 할 때에 하나님이 그의 종 선지자들에게 전하신 복음과 같이 하나님의 그 비밀이 이루어지리라 하더라"

"그가 내게 말하기를 네가 많은 백성과 나라와 방언과 임금에게 다시 예언하여야 하더라"(계 10:7, 11)

그 전쟁의 이유는 한국이 이방신을 섬겼기 때문이라고 주님은 거듭 말씀하셨습니다.

"그들이 만일 이르기를 우리 하나님 여호와께서 어찌하여 이 모든 일을 우리에게 행하셨느냐 하거든 너는 그들에게 이르기를 너희가 여호와를 버리고 너희 땅에서 이방 신들을 섬겼은즉 이와 같이 너희 것이 아닌 땅에서 이방인들을 섬기리라 하라"(렘 5:19)

한국이 전쟁으로 인해 온갖 고난을 당하니 성령님께서 저의 마음을 다급하게 재촉하셨습니다. 하나님께서는 예레미야의 4장 말씀처럼 전쟁을 통해 한국에 경고의 나팔을 울리고 계셨지만 한국 사람들이 고통당하면서도 전쟁에 숨겨진 하나님의 경고의 메시지를 깨닫지 못하자, 그 어리석음에 대해 매우 안타까워하시고 답답해하시며, 주의 종들과 성도들을 통해 하나님의 뜻과 마음을 한국에 더 많은 이들에게 전하기를 원하셨습니다.

"슬프고 아프다 내 마음속이 아프고 내 마음이 답답하여 잠잠할 수 없으니 이는 나의 심령이 나팔 소리와 전쟁의 경보를 들음이로다 패망에 패망이 연속하여 온 땅이 탈취를 당하니 나의 장막과 휘장은 갑자기 파멸되도다 내가 저 깃발을 보며 나팔 소리 듣기를 어느 때까지 할꼬 내 백성은 나를 알지 못하는 어리석은 자요 지각이 없는 미련한 자식이라 악을 행하기에는 지각이 있으나 선을 행하기에는 무지하도다"(렘 4:19~22)

또 74년도에 제게 일어났던 일입니다. 어느 날 주방에서 일을 하고 있을 때, 갑자기 숨이 넘어갈 듯 호흡이 힘들어지고 도무지 일을 할 수가 없게 되었습니다. 그래서 일을 멈추고 방에 들어가서 기도를 하기 시작했는데 기도 중에 하나님께서 계시록 17장의 말씀(음녀에 대한 심판의 말씀)을 주시며 "이 땅에 음녀들이 너무 많다"고 하시고, "인간이 나를 떠나고 제멋대로 살며 온갖 죄를 지어 인간의 창조한 것을 심히 근심하며 후회 한다"는 창세기 6장 말씀을 주셨습니다.

"여호와께서 사람의 죄악이 세상에 가득함과 그의 마음으로 생각하는 모든 계획이 항상 악할 뿐임을 보시고 땅 위에 사람 지으셨음을 한탄하사 마음에 근심하시고"(창 6:5,6) 부모들도 자식을 낳고 기를 때 자식들이 올바른 길로 가면 기뻐하지만, 잘못된 길로 가면 근심하며 자식 잘못 낳은 것을 한탄하게 되듯이, 하나님께서도 인간을 지으셨지만 인간이 잘못된 길로 행할 때 마음에 근심하시며 안타까워 하신다는 것입니다.

하나님을 전혀 알지 못한 채 온갖 우상숭배의 죄를 범햇던 한국은 1950년 6월 25일, 결국 그렇게 고통과 아픔 속에 하나님의 심판의 전쟁을 치르게 되었고, 1953년 7월 27일 휴전협정이 조인되었고, 한반도는 휴전선을 중심으로 남북으로 갈라지게 되었습니다.

"남북을 주께서 창조하셨으니 다볼과 헤르몬이 주의 이름으로 말미암아 즐거워하나이다"(시 89:12)

남과 북이 나뉘어 진 것, 이 사건은 결코 우영이나 외부세력에 의한 것이 아닌, 다 하나님의 주권 안에서 일어난 영적인 일들입니다. 성경에 나오는 나라들의 역사를 봐도 정확하게 알 수 있습니다. 하나님을 경외하지 않고 하나님을 온전히 따르지 않았던 나라나 백성들은 전쟁을 주관하시는 하나님의 심판을 결코 피할 수 없습니다.

한국이 창조주 하나님을 모르고 집집마다 조상을 섬기며 귀신들에게 분향하며 절하고, 인간이 만든 잡신들을 섬겼으므로 그 죄에 대한 하나님의 심판을 받은 것입니다. 하나님께서는 우상숭배하는 것을 매우 싫어하십니다. 그래서 십계명을 통해서도 하나님 외에 다른 신을 섬기는 것, 즉 우상숭배를 금하라고 명령하셨습니다.

하나님보다 돈을 더 사랑하고 하나님보다 자신을 더 사랑하는 것도 우상숭배입니다. 그러한 이유로 하나님께서는 김일성을 들어 남한을 치셨습니다.

"너의 친구 삼았던 자를 그가 네 위에 우두머리로 세우실 때에 네가 무슨 말을 하겠느냐 네가 고통에 사로잡힘이 산고를 겪는 여인 같지 않겠느냐" (렘 13:21)

북한이 전쟁을 위해 지금도 전쟁무기를 만들고 핵을 만들지만, 사무엘상 17장의 말씀처럼 전쟁의 있고 없음은 결코 사람이나 무기에 달려있지 않습니다. 전쟁은 오직 여호와께 속한 것입니다.

"또 여호와의 구원하심이 칼과 창에 있지 아니함을 이 무리에게 알게 하리라 전쟁은 여호와께 속한 것인즉 그가 너희를 우리 손에 넘기시리라" (삼상 17:47)

온 천지만물을 지으시고 인간을 창조하신 여호와 하나님은 이 세상 모든 일을 주관하시고 행하시는 분이십니다. 평안을 주시기도 하시며 때론 환난을 주시기도 합니다. 우리는 우리에게 일어나는 모든 사건이 하나님께서 주관하고 계시다는 사실을 믿어야 합니다.

"나는 빛도 짓고 어둠도 창조하며 나는 평안도 짓고 창조하나니 나는 여호와라 이 모든 일들을 행하는 자니라 하였노라" (사 45:7)

또한 우리사 삶을 살아가면서 어떤 일에든지 하나님의 뜻을 알고 그 뜻대로 행해야 합니다. 하나님께서는 마가복음 3장 35절 말씀을 통해 하나님의 뜻대로 행하는 자라야 하나님의 형제, 자매가 될 수 있다고 하셨습니다.

"누구든지 하나님의 뜻대로 행하는 자가 내 형제요 자매요 어머니이이라" (막 3:35)

43. 연평도 사건

6.25를 겪은 어른들은 전쟁이 얼마나 무서운지를 익히 알고 있습니다. 하지만 겪어보지 않은 현대의 젊은이들은 전쟁이 얼마나 무서운지 알지 못합니다. 전쟁을 통해 사람들은 나라를 빼앗가기도 하고 소중한 생명을 잃기도 하고 소유하고 있던 모든 것을 잃게 되기도 합니다. 전쟁이 나면 인간이 얼마나 연약한 존재인지 느끼게 됩니다. 사람들은 전쟁의 공포와 도려움 속에 절대자이신 하나님을 애타게 찾게 되기도 합니다.

성경에도, 하나님을 모르고 온갖 죄악을 저지르던 왕이 전쟁을 통하여 하나님을 찾으며 여호와 하나님을 경외하게 된 사건들이 기록되어 있습니다.

성경에 므낫세 왕의 이야기가 나옵니다. 이스라엘 왕위에 오른 므낫세는 그의 아버지 히스기야왕이 헐어버렸던 우상의 산당과 제단들을 다시 세우고, 우상을 경배하며 요호와 보시기에 심한 악을 행하였습니다. 하나님께서 그 일들을 보시고 심히 노하여 앗수르왕의 군대지휘관들을 통해 므낫세가 결박 당하여 바벨론으로 끌려가게 만드셨고, 므낫세는 그 환란을 당한 후에야 하나님 앞에 겸손히 무릎을 꿇고 여호와 하나님을 온전히 바라보게 되었습니다.

이 성경속의 사건처럼, 하나님께서는 한국 땅에 만연한 죄악과 우상숭배, 교회의 타락, 북한을 들어 연평도 사건을 일으키시고 이 사건을 통해 사람들이 죄를 뉘우치고 요호와 하나님을 바라보게 하시며 영적으로 잠을 자고 있우리가 깨어날 수 있게 만드신 것입니다.

또 사사기 6장 1절에 보면 이스라엘이 악을 행하자 하나님이 그 백성을 미디안 손에 7년 동안 넘겨주어 고통당하게 하신 사건이 나옵니다. 이처럼 죄를 싫어하시는 하나님께서는 모든 방법을 동원해서 그 죄에 대해 알게 하시고 죄를 뉘우칠 수 이t는 환경을 만드시는 것을 알 수 있습니다.

"이스라엘 자손이 여호와의 목전에 악을 행하였으므로 여호와께서 칠 년 동안 그들을 미디안의 손에 넘겨 주시니"(삿 6:1)

우리 한반도의 분단, 남한과 북한의 전쟁에 관한 모든 것도 하나님의 손에 있습니다. 한국은 이미 수십년이 넘는 시간동안, 김정일 손에 언제 터질지 모르는 전쟁의 공포가운데 있었습니다. 왜 이런 일들이 일어났는지 우리는 영적인 눈을 뜨고, 하나님의 뜻을 깨닫고 회개하고 죄의 길에서 돌이켜야 합니다. 그것이 우리에게 원하시는 하나님의 뜻입니다.

44. 북한이 가난해진 이유

사실 북한이 남한보다 기독교가 훨씬 앞서 있었습니다. 복음을 먼저 받아들이고 하나님을 잘 섬겼던 평양 땅에서 1907년 놀라운 부흥의 불씨가 일어나기도 했고 하나님의 복을 받아 경제적 풍요로움도 있었습니다. 그러나 남북분단 후 북한은 시간이 지나면서 하나님보다 김일성을 더 섬기며 하나님의 은혜를 잊어버리고 전 국민이 김일성을 찬양하고 높이는, 우상숭배의 가장 큰 죄악을 저지르게 되었습니다. 북한은 하나님의 은혜, 하나님과의 처음 사랑을 잃어 버리고 신앙의 후퇴를 하게 된 것입니다.

"그러나 너를 책망할 것이 있나니 너의 처음 사랑을 버렸나니라" (계 2:4)

"처음 믿음을 저버렸으므로 정죄를 받느니라" (딤전 5:12)

신앙의 후퇴를 하면 침륜에 빠집니다. 북한은 현재, 풀 한포기 나무 한 그루를 보기 힘들 정도의 황량한 땅이 되었습니다. 사람을 신처럼 떠받드는, 하나님 앞에 치명적인 죄를 저지른 북한은 하나님의 진노를 산 것입니다. 결국 현재 북한은 세계 최빈곤국가가 되었고 식량난을 비롯한 수많은 문제들을 아고 있는 골칫거리 나라로 전락하게 되었습니다.

"하나님을 잊어버린 너희여 이제 이를 생각하라 그렇지 아니하면 내가 너희를 찢으리니 건질 자 없으리라" (시편 50:22)

북한이든 남한이든, 어떤 나라든, 개개인이든 하나님을 알고 잘 섬겨야 합니다. 또한 하나님이 은혜로써 만나주셨다면 하나님과의 처음 사랑을 끝까지 유지해야 합니다. 우리 한국은 후퇴해서 멸망당할 나라가 아닙니다. 영혼의 구원함을 얻고 세계열방에 복음을 전해야 하는 사명, 믿음이 있는 나라입니다.

"우리는 뒤로 물러가 멸망할 자가 아니요 오직 영혼을 구원함에 이르

는 믿음을 가진 자니라”(히 10:39)

혹 그 첫사랑을 버렸다면, 처음 믿음을 저버렸다면 반드시 다시 회복해야 합니다. 하나님을 잊어버린 백성들은 다시 하나님을 기억하고 하나님께로 돌아가야 합니다. 그렇지 않으면 하나님의 심판을 받을 것입니다.

45. 심판을 원치 않는 하나님의 마음

하지만 하나님께서는 진노 중에라도 긍휼을 잊지 않으십니다. 이스라엘 백성이 말씀대로 살지 않아서 심판을 받고 고통당할 때에 하나님께서 선지자를 통해 장로들과 온 백성들에게 금식일을 정하고 성회를 소집하게 하셨습니다.

"너희는 금식일을 정하고 성회를 소집하여 장로들과 이 땅의 모든 주민들을 너희 하나님여호와의 성전으로 모으고 여호와께 부르짖을지어다"(욜 1:14)

우리 한국도 마음을 찢고 회개하며 여호와께 부르짖으며 기도해야 합니다. (욜 2:12, 13)

하나님께서는 그 죄에서 돌이켜 여호와 하나님을 찾으면 그 뜻을 돌이켜 재앙을 내리시지 낳는다고 약속하고 계십니다. 본래 하나님은 은혜로우시며 자비로우시며 노하기를 더디하시며 인애로우신 분이십니다. 자식 잘 되기를 바라는 부모의 애타는 심정처럼, 공의로운 하나님께서도 우리가 그의 법 안에 잘 되기를 원하시며 그 분의 온전한 길에 서있기를 원하십니다.

호세아 14절, 하나님께서는 또한 말씀을 가지고 주께 돌아오라고 하십니다. 하나님은 말씀이 육신이 되어 우리에게 오셨습니다. 말씀은 하나님이시며, 하나님을 알 수 있는 통로입니다. 성경말씀 안에는 하나님의 법, 수많은 약속의 말씀, 축복의 말씀, 우리를 향한 지시의 말씀들이 들어 있습니다. 성경말씀은 우리 삶의 모든 불의한 죄악을 깨닫게 해주는 거울과도 같습니다. 우리의 삶을 이끄는 지도와도 같습니다. 우리는 말씀을 붙잡고 우리의 죄를 회개하며 철저히 하나님께로 돌아가야 합니다.

46. 남과 북을 회복 시킴

“오라 우리가 여호와께로 돌아가자 여호와께서 우리를 찢으셨으니 도로 낫게 하실 것이요 우리를 치셨으니 싸매어 주실 것임이라 그러므로 우리가 여호와를 알자 힘써 알자 그의 나타나심은 새벽 빛 같이 어김없나니 비와 같이, 땅을 적시는 늦은 비와 같이 우리에게 임하시리라 하니라”(호 6:1~3)

공의의 하나님이 진노로 남과 북을 찢으셨을지라도 반드시 다시 회복하게 해주실 것입니다. 피조물인 인간이 창조주 하나님의 뜻에 다 헤이릴 수 없겠지만 우리가 하나님의 뜻을 알고자 하면 하나님은 언제나 우리에게 찾아와주시고 만나주시고 그 뜻을 알려주십니다.

“나는 인애를 원하고 제사를 원하지 아니하며 번제보다 하나님을 아는 것을 원하노라”(호 6:6)

하나님께서는 제사보다도 우리가 하나님 아는 것을 원하시는 인격적인 분이십니다. 연인 간에도 서로 사랑하게 되면 상대에 대해 더욱 알고 싶어하듯 우리가 하나님을 사랑하여 그분에 대해 더욱 알아가기를 원하십니다. 인간을 너무 사랑하시는 하나님이 우리에게 그토록 원하시는 것은 다름 아닌 우리가 그 분을 알고 마음을 다해 하나님을 사랑하는 것입니다.

한국교회가 마음을 모아 힘써 금식하고 땀흘려 기도한 씨앗들이, 앞으로 우리에게 기쁨과 즐거운 희락의 열매로 맺혀 질 것입니다.

“그러므로 너희는 이렇게 기도하라 하늘에 계신 우리 아버지여 이름이 거룩히 여김을 받으시오며 나라가 임하시오며 뜻이 하늘에서 이루어진 것같이 땅에서도 이루어지이다”(마 6:9~10)

하나님께서는 하나님의 뜻이 하늘에서 이루어 진 것처럼 이 땅에서도 하나님의 나라가 이루어진다고 말씀하셨습니다. 한국 땅은 물론 북한 땅에도 하나님의 나라가 임할 것입니다. 그 곳에도 하나님의 복음이 전해지기 위해 열심히 기도해야 합니다.

"독 창세 전에 그리스도 안에서 우리를 택하사 우리로 사랑 안에서 그 앞에 거룩하고 흠이 없게 하시려고"(엡 1:4)

"그 뜻의 비밀을 우리에게 알리신 것이요 그의 기뻐하심을 따라 그리스도 안에서 때가 찬 경륜을 위하여 예정하신 것이니 하늘에 있는 것이나 땅에 있는 것이 다 그리스도 안에서 통일되게 하려 하심이라"(엡 1:9~10)

하나님이 인간들의 죄를 대신 지기 위하여 하나님의 본체이신 그리스도 예수를 이 땅에 보내주셨습니다. 우리는 예수 그리스도 안에서 모두 하나입니다.

하나님은 결코 전쟁을 원하시는 분이 아닙니다. 전쟁을 쉬게 하시는 하나님이시며 우리와 늘 함께 하시는 피난처이십니다. 전쟁이 있는 것은 인간들이 하나님의 말씀을 불순종하여 벌어지는 하나님의 경고라는 것을 알아야 합니다.

전쟁이 끝나고 무기가 연장으로 변하여 통일이 되게 하신다는 하나님께서 남과 북도 그렇게 통일이 되게 하실 것입니다. 이 모든 일을 통하여 오직 하나님만이 드러나게 될 것입니다.

"거류만이 너희의 땅에 거류하여 함께 있거든 너희는 그를 학대하지 말고 너희와 함께 있는 거류민을 너희 중에서 낳은 자같이 여기며 자기같이 사랑하라 너희도 애굽 땅에서 거류민이 되었느니라 나는 너희의 하나님 여호와니라"(레 19:33)

하나님의 은혜로 남북이 통일이 되면 우리와 한민족인 북한 사람들을 사랑해야 합니다. 또한 외국인들도 내 몸처럼 사랑해야 합니다. 그것이 우리를 향한 하나님의 뜻입니다.

47. IMF가 왜 터졌나

머리가 송곳으로 쑤시는 것 같이 일주일간 아프고 교회가 전하라 해서 전하고 오니 나았다.

여호와께서 성경에 아무리 말씀을 하셔도 인간들이 듣지 않음으로 애통하십니다.

"유다 왕 웃시야와 요담과 아하스와 히스기야 시대에 아모스의 아들 이사야가 유다와 예루살렘에 대하여 본 이상이라. 하늘이여 들으라 땅이여 귀를 기울이라. 여호와께서 말씀하시기를 내가 자식을 양육하였거늘 그들이 나를 거역하였도다. 소는 임자를 알고 나귀는 주인의 구유를 알건마는 이스라엘은 알지 못하고 나의 백성은 깨닫지 못하는도다. 하셨도다."

"슬프다 범죄한 나라요, 허물어진 백성이요, 행악의 종자요. 행위가 부패한 자식이로다. 그들이 여호와를 버리며, 이스라엘의 거룩한 자를 만홀히 여겨 멀리하고 물러갔도다."

"너희가 어찌하여 매를 더 맞으려고 더욱 더욱 패역하느냐 온 머리는 병들었고 온 마음은 피곤하였으며, 발바닥에서 머리까지 성한 곳이 없이 상한 것과 터진 것과 새로 맞은 흔적뿐이어늘, 그것을 짜며 싸매며, 기름으로 유하게 함을 받지 못하였도다."

"너희 땅은 황무하였고 너희 성읍들은 불에 탔고 너희 토지는 너희 목전에 이방인에게 삼키었으며 이방인에게 파괴됨 같이 황무하였고"(사 1:2~7), "시온은 공평으로 구속이 되고 그 귀정한 자는 의로 구속이 되리라"(사1:27).

한국은 만인제사장 나라입니다. 하나님의 뜻을 버리면 후손에게 각색 질병, 기근, 태풍, 가뭄, 홍수 등 여러 가지 재난으로 치십니다. 이 말을 전하지 않으면 머리에서 발끝까지 불이 나서 고통스러웠으며, 전해야만 안 아픈 것을 느꼈습니다.

“백성들아 너희는 다 들을지어다 땅과 거기 있는 모든 것들아 자세히 들을지어다 주 여호와께서 너희에게 대하여 증거 하시되 곧 주께서 성전에서 그리하실 것이니라 여호와께서 그 처소에서 나오시고 강림하사 땅의 높은 곳을 밟으실 것이라”(미 1:2~3).

하나님은 성경을 통해 말씀을 하셔도 인간이 듣지 않으니 애통해 하십니다.

“여호와께서 사람의 죄악이 세상에 관영함과 그 마음의 생각의 모든 계획이 항상 악할 뿐임을 보시고 땅위에 사람 지으셨음을 한탄하사 마음에 근심하시고 가라사대 나의 창조한 사람을 내가 지면에서 쓸어 버리되 사람으로부터 육축과 기는 것과 공중의 새까지 그리하리니 이는 내가 그것을 지었음을 한탄함이니라 하시니라”(창 6:5~7).

“오직 여호와는 참 하나님이시요 사시는 하나님이시요 영원한 왕이시라 그 진노하심에 땅이 진동하며 그 분노하심을 열방이 능히 당치 못하느니라 너희는 이같이 그들에게 이르기를 천지를 짓지 아니한 신들은 땅위에서, 이 하늘 아래서 망하리라 하라”(렘 10:10,11).

“노아의 때에 된 것과 같이 인자의 때에도 그러하리라 노아가 방주에 들어가던 날까지 사람들이 먹고 마시고 장가 들고 시집 가더니 홍수가 나서 저희를 다 멸하였으며 또 롯의 때와 같으리니 사람들이 먹고 마시고 사고 팔고 심고 집을 짓더니 롯이 소돔에서 나가던 날에 하늘로서 불과 유황이 비오듯하여 저희를 멸하였느니라 인자의 나타나는 날에도 이러하리라”(눅 17:26~30).

“너는 오직 네 죄를 자복하라 이는 네 하나님 여호와를 배반하고 네 길로 달려 모든 푸른 나무 아래서 이방 신에게 절하고 내 목소리를 듣지 아니하였음이니라 여호와의 말이니라 나 여호와가 말하노라 배역한 자식들아 돌아오라 나는 너희 남편임이니라 내가 너희를 성읍에서 하나와 족속 중에서 둘을 택하여 시온으로 데려오겠고 내가 또 내 마음에 합하는 목자를 너희에게 주리니 그들이 지식과 명철로 너희를 양육하리라”(렘 3:13~15).

인자의 징조

"노아의 때에 된 것과 같이 인자의 때에도 그러하리라 노아가 방주에 들어가던 날까지 사람들이 먹고 마시고 장가 들고 시집 가더니 홍수가 나서 저희를 다 멸하였으며 또 롯의 때와 같으리니 사람들이 먹고 마시고 사고 팔고 심고 집을 짓더니 롯이 소돔에서 나가던 날에 하늘로서 불과 유황이 비오듯 하여 저희를 멸하였느니라 인자의 나타나는 날에도 이러하리라"(눅 17:26~30).

48. 말씀으로 붙들어 주시는 하나님

"만물보다 거짓되고 심히 부패한 것은 마음이라. 누가 능히 이를 알리요마는" (렘17:9), "무릇 지킬 만한 것보다 더욱 네 마음을 지키라 생명의 근원이 이에서 남이니라" (잠4:23).

"자기의 마음을 믿는 자는 미련한 자요 지혜롭게 행하는 자는 구원을 얻을 자니라" (28:26).

"여호와의 말씀에 내 생각은 너희 생각과 다르며 내 길은 너희 길과 달라서" (사55:8), "육신의 생각은 하나님과 원수가 되나니 이는 하나님의 법에 굴복지 아니할 뿐 아니라 할 수도 없음이라" (롬8:7).

"육신에 있는 자들은 하나님을 기쁘시게 할 수 없느니라 만일 너희 속에 하나님의 영이 거하시면 너희가 육신에 있지 아니하고 영에 있나니 누구든지 그리스도의 영이 없으면 그리스도의 사람이 아니라 또 그리스도께서 너희 안에 계시면 몸은 죄로 인하여 죽은 것이나 영은 의를 인하여 산 것이니라 예수를 죽은 자 가운데서 살리신 이의 영이 너희 안에 거하시면 그리스도 예수를 죽은 자 가운데서 살리신이가 너희 안에 거하시는 그의 영으로 말미암아 너희 죽을 몸도 살리시리라 그러므로 형제들아 우리가 빚진 자로되 육신에게 져서 육신대로 살 것이 아니니라 너희가 육신대로 살면 반드시 죽을 것이로되 영으로써 몸의 행실을 죽이면 살리니" (롬 8:8~13).

"선한 사람은 그 쌓은 선에서 선한 것을 내고 악한 사람은 그 쌓은 악에서 악한 것을 내느니라 내가 너희에게 이르노니 사람이 무슨 무익한 말을 하든지 심판날에 이에 대하여 심문을 받으리니 네 말로 의롭다 함을 받고 네 말로 정죄함을 받으리라" (마 12:35~37).

"더러운 귀신이 사람에게서 나갔을 때에 물 없는 곳으로 다니며 쉬기를 구하되 얻지 못하고" (마12:43), 마음에 악한 뿌리와 악한 영을 말합니다.

"육지에 내리시매 그 도시 사람으로서 귀신 들린 자 하나가 예수를 만나니 이 사람은 오래 옷을 입지 아니하며 집에 거하지도 아니하고 무덤 사이에 거하는 자라 예수를 보고 부르짖으며 그 앞에 엎드리어 큰소리로 불러 가로되 지극히 높으신 하나님의 아들 예수여 나와 당신과 무슨 상관이 있나이까 당신께 구하노니 나를 괴롭게 마옵소서 하니 이는 예수께서 이미 더러운 귀신을 명하사 이 사람에게서 나오라 하셨음이라(귀신이 가끔 이 사람을 붙잡으므로 저가 쇠사슬과 고랑에 매이어 지키었으되 그 맨 것을 끊고 귀신에게 몰려 광야로 나갔더라" (눅 8:27~29). 여기서는 술 마귀를 의미하기도 합니다.

"또 내가 보매 개구리 같은 세 더러운 영이 용의 입과 짐승의 입과 거짓 선지자의 입에서 나오니 저희는 귀신의 영이라 이적을 행하여 온 천하 임금들에게 가서 하나님 곧 전능하신 이의 큰 날에 전쟁을 위하여 그들을 모으더라" (계 16:13~14). 이 말씀은 귀신 영으로 표현합니다.

"그러나 내가 하나님의 성령을 힘입어 귀신을 쫓아내는 것이면 하나님의 나라가 이미 너희에게 임하였느니라" (마 28:28), "손을 내밀어 병을 낫게 하옵시고 표적과 기사가 거룩한 종 예수의 이름으로 이루어지게 하옵소서 하더라 빌기를 다하매 모인 곳이 진동 하더라 무리가 다 성령이 충만하여 담대히 하나님의 말씀을 전하니라 믿는 무리가 한마음과 한 뜻이 되어 모든 물건을 서로 통용하고 제 재물을 조금이라도 제 것이라 하는 이가 하나도 없더라" (행 4:30,31,32).

"사람의 행위가 자기 보기에는 모두 깨끗하여도 여호와는 심령을 감찰하시느니라" (잠 16:2).

"마음의 즐거움은 얼굴을 빛나게 하여도 마음의 근심은 심령을 상하게 하느니라" (잠 15:13).

“예수께서 또 가라사대 너희에게 평강이 있을지어다 아버지께서 나를 보내신 것 같이 나도 너희를 보내노라 이 말씀을 하시고 저희를 향하사 숨을 내쉬며 가라사대 성령을 받으라”(요 20:21~22).

“그런즉 너희는 너희 길과 행위를 고치고 너희 하나님 여호와의 목소리를 청종하라 그리하면 여호와께서 너희에게 선고하신 재앙에 대하여 뜻을 돌이키시리라”(렘 26:13).

“너희는 마음에 근심하지 말라 하나님을 믿으니 또 나를 믿으라”(요 14:1).

49. 불심판

1974년에 계시가 와 절에 가서 스님께 "예수 믿으세요" 하며, "나를 보내신 이의 뜻을 행하려 함이니라 나를 보내신 이의 뜻을 내게 주신 자 중에 내가 하나도 잃어버리지 아니하고 마지막 날에 살리는 이것 이니라"(요 6:39) 하고 스님께 말씀을 전하라 하였는데 순종하지 않았더니 자궁암이 생겼습니다.

78년에 가서 스님에게 말씀을 전하고 오니 자궁암이 깨끗이 낫았다. 나중에 알고 보니 스님이 과거에 예수님을 믿었던 사람이었다고 합니다.

80년도에 충주 큰 교회에 다닐 때 계시가 오길 담임 목사님께 "심판 주님이 임하셔서 일하신다 네가 안 전해주면 목사님이 넘어진다" 하며 전하라 하였는데 그런 말하면 나를 미친 사람이라고 하기 때문에 전하지 않겠다고 하니 자궁암이 재발했고 목사님은 교통사고를 내 사람을 하나 죽게 만들었다.

"나를 저버리고 내 말을 받지 아니하는 자를 심판할 이가 있으니 곧 나의 한 그 말이 마지막 날에 저를 심판하리라 내가 내 자의로 말한 것이 아니요 나를 보내신 아버지께서 나의 말할 것과 이를 것을 친히 명령하여 주셨으니 나는 그의 명령이 영생인줄 아노라 그러므로 나의 이르는 것은 내 아버지께서 내게 말씀하신 그대로 이르노라 하시니라"(요 12:48~50)

"여호와의 말씀이 내게 임하여 가라사대 그러나 파숫군이 칼이 임함을 보고도 나팔을 불지 아니하여 백성에게 경고치 아니하므로 그 중에 한 사람이 그 임하는 칼에 제함을 당하면 그는 자기 죄악 중에서 제한 바 되려니와 그 죄를 내가 파숫군의 손에서 찾으리라"(겔 33:1, 6)

어느 부부집사님 가정에 가서 예배를 드렸는데 설교 중에 하나님이 파숫 군으로 나를 보냈다고 하니 남편 집사님이 선교사라고 하면 모를까 감히 파숫군이라고 한다고 설교 도중 소리를 지르는 바람에 예배를 제대로 마치지 못하고 돌아왔다. .몇 일후에 누가 병원에 심방을 가자고 하여 갔더니 그 부인 집사님이 입원해 있어 말 3:13절을 이야기 하니 남편집사님이 지난번엔 몰라서 소리를 질렀는데 이제는 이해가 간다고 하였다. 다음날 병원에 또 심 방을 가 눅 22:31절 설교를 하는 중에 부인 집사님 환상에 사단이 밀 까부르 듯 하며 병원 침대 주위를 돌고 있었다고 하였다.

"여호와가 이르노라 너희가 완악한 말로 나를 대적하고도 이르기를 우리가 무슨 말로 주를 대적하였나이까 하는도다" (말 3:13)

"시몬아, 시몬아, 보라 사단이 밀 까부르듯 하려고 너희를 청구하였으나" (눅 22:31)

파숫군이라고 하니 사람들은 하나님 말씀을 안 들어 귀를 막고 강팍해지 므로 하나님은 흉년을 주신다고 하였다. 80년도 한 해에는 봄에 날이 더워 여름 옷을 입게 되었고 벼가 꽃이 필 무렵이 7, 8월에는 태풍으로 서리가 내 려 논에 벼들이 죽어 그냥 말라져 버렸다.

"만군의 여호와가 이미 말하여 이르기를 너희는 진실한 재판을 행하며 피차에 인애와 긍휼을 베풀며 그들이 청종하기를 싫어하여 등으로 향하며 듣지 아니하려고 귀를 막으며 그 마음을 금강석 같게 하여 율법과 만군의 여호와가 신으로 이전 선지자를 빙자하여 전한 말을 듣지 아니하므로 큰 노가 나 만군의 여호와께로서 나왔도다. 만군의 여호와가 말하였었노라 내가 불러도 그들이 듣지 아니하였은즉 그들이 불러도 내가 듣지 아니하고 회리바람으로 그들을 그 알지 못하던 모든 열국에 헤치리라 한 후로 이 땅이 황무하여 왕래하는 사람이 없었나니 이는 그들이 아름다운 땅으로 황무하게 하였음이니라 하시니라" (슥 7:9 ,11, 12, 13, 14)

"긍휼을 행하지 아니하는 자에게는 긍휼 없는 심판이 있으리라 긍휼은 심판을 이기고 자랑하느니라 내 형제들아 만일 사람이 믿음이 있노라 하고 행함이 없으면 무슨 이익이 있으리요 그 믿음이 능히 자기를 구원하겠느냐" (약 2:13~14)

친정 교회 전도사님 한분한테 하나님의 계시가 오는데 의논을 하자고 하니 마귀 중에 제일 큰 마귀가 들렸다고 하였다. 그 뒤 그 전도사님의 3살 먹은 아들이 폐렴으로 갑자기 죽게 되자 그 전도사님은 "여호수아 1장 5절을 주며 당신을 당할 자가 아무도 없다"라는 말을 하였다.

"너의 평생에 너를 능히 당할 자 없으리니 내가 모세와 함께 있던 것같이 너와 함께 있을 것임이라 내가 너를 떠나지 아니하며 버리지 아니하리니"(수 1:5)

조카딸이 청년회장으로 있는 교회 목사님을 찾아가 "심판주님이 임하셔서 일 하신다"는 계시가 와 상담하기 위해 목사님을 만났더니 남을 심판하려면 자기가 먼저 심판을 받아야 하는데 심판을 받았냐고 하여 나는 어려서부터 한 가지 한 가지 심판을 받고 왔다고 하였다.

목사님이 60세 정도 되어 작고를 하시게 되어 왜 목사님이 나이가 젊은데 죽게 되었습니까? 하니 "그들이 만일 네게 말하기를 우리가 어디로 나아가리요 하거든 너는 그들에게 이르기를 여호와의 말씀에 사망할 자는 사망으로 나아가고 칼을 받은 자는 칼로 나아가고 기근을 당할 자는 기근으로 나아가고 포로 될 자는 포로 됨으로 나아갈찌니라 하셨다 하라 나 여호와가 말하노라 내가 그들을 네 가지로 벌하리니 곧 죽이느 칼과 찢는 개와 삼켜 멸하는 공중의 새와 땅의 짐승으로 할 것이며 여호와께서 사라사대 네가 나를 버렸고 내게서 물러갔으므로 네게로 내 손을 펴서 너를 멸하였노니 이는 내가 뜻을 돌이키지 아니하였음이라 그들이 과부가 내 앞에 바다 모래보다 더 많아졌느니라 내가 대낮에 훼멸할 자를 그들에게로 데려다가 그들과 청년들의 어미를 쳐서 놀람과 두려움을 그들에게 졸지에 임하게 하였으며"(렘 15:2, 3, 6, 7, 8) 이 말씀을 주셨다.

어느 교회 성도들이 그 분(한봉선)은 말씀이 너무 좋다고 하니 목사님이 그 여자가 공부를 했나? 신학을 했나? 하였다. (열 살 전에 너는 공부를 배워도 병이 되고 배우지 않아도 병이 된다고 하였다) 그 때에 마음이 상해 하나님께 여쭈니 "유대인들이 기이히 여겨 가로되 이 사람은 배우지 아니하였거늘 어떻게 글을 아느냐 하니 예수님께서 대답하여 사라사대 내 교훈은 내 것이 아니요 나를 보내신 이의 것이니라 사람이 하나님의 뜻을 행하려 하면 이 교훈이 하나님께로서 왔는지 스스로 말함인지 알리라 스스로 말하는 자는 자기 영광만 구하되 보내신 이의 영광을 구하는 자는 참되니 그 속에 불의가 없느니라"(요 7:15~18)

"대저 명령은 등불이요 법은 빛이요 훈계의 책망은 곧 생명의 길이라"(잠 6:23)

"유대인들이 대답하여 가로되 우리가 너를 사마리아 사람이라 또는 귀신이 들렸다 하는 말이 옳지 아니하냐 예수께서 대답하시되 나는 귀신들린 것이 아니라 오직 내 아버지를 공경함이어늘 너희가 나를 무시하는도다 나는 내 영광을 구치 아니하나 구하고 판단하시는 이가 계시니라 진실로진실로 너희에게 이르노니 너희에게 이르노니 사람이 내 말을 지키면 죽음을 영원히 보지 아니하리라"(요 8:48~51)

50. 세계를 살리는 하나님의 말씀

한국에서 제일 큰 교회에 가서 총무와 구역장에게 책을 한 권 주며 목사님께 전해 달라고 하였더니 우리는 이런 책은 안 본다고 하며 거절 당하고 집에 와 기도를 하니 말씀을 주셨다.

"베드로가 부인하여 가로되 이 여자여 내가 저를 알지 못하노라 하더라 조금 후에 다른 사람이 보고 가로되 너도 그 당이라 하거늘 베드로가 가로되 이 사람아 나는 아니로다 하더라 한 시쯤 있다가 또 한 사람이 장담하여 가로되 이는 갈릴리 사람이니 참으로 그와 함께 있었느니라 베드로가 가로되 이 사람아 나는 너 하는 말을 알지 못하노라고 방금 말할 때에 닭이 곧 울더라"(눅 22:57~60)

51. 목사님 바지, 저고리를 갈아 입혀라

도둑을 잡으려면 도둑 굴에 들어가야 한다고 하며 집에서 일을 하는데 갑자기 손발에 힘이 빠지면서 숨만 깔딱 고리게 하며 계시가 오는데 "어느 목사님 바지, 저고리를 갈아 입혀라" 하며 슥 3장 3절 말씀을 주셨다.

꿈에 목사님이 술에 취해 심방을 하고 있는걸 보여주시고, 또 자기가 기르는 병아리를 잡아 먹는 것이 보여 목사님께 말씀을 드렸더니 나이든 노인은 교회에서 쓰기가 힘들다고 하며 바른말 하는걸 듣기 싫어 하셨다. 그 뒤 교회에 큰 풍파가 와 목사님과 교회 집사님과의 안 좋은 소문이 있더니 어떤 사람이 목사님 사택에 불을 저지르는 일이 있었다.

나는 집에 와서 "나를 늙은 때에 버리지 마시며 내 힘이 쇠약한 때에 떠나지 마소서 하나님이여 내가 늙어 백수가 될 때에도 나를 버리지 마시며 내가 주의 힘을 후대에 전하고 주의 능을 장래 모든 사람에게 전하기까지 나를 버리지 마소서"(시 71:9, 18)

말씀 주셔서 "공중의 학은 그 정한 시기를 알고 반구와 제비와 두루미는 그 올 때를 지키거늘 내 백성은 요호와의 규례를 알지 못하도다 하셨다 하라 너희가 어찌 우리는 지혜가 있고 우리에게는 여호와의 율법이 있다 말하겠느뇨 참으로 서기관의 거짓 붓이 거짓되게 하였나니 지혜롭다 하는 자들은 수욕을 받으며 경황 중에 잡히리라 보라 그들이 나 여호와의 말을 버렸으니 그들에게 무슨 지혜가 있으랴 그러므로 내가 그들의 아내를 타인에게 주겠고 그들의 전지를 그 차지할 자들에게 주리니 그들은 가장 작은 자로부터 큰 자까지 다 탐닉하며 선지자로부터 제사장까지 다 거짓을 행함이라 그들이 딸 내 백성의 상처를 심상히 고쳐 주며 말하기를 평강하다. 평강하다 하나 평강이 없도다 그들이 가증한 일을 행할 때에 부끄러워 하였느냐 아니라 조금도 부끄러워 아니할 뿐 아니라 얼굴도 붉어지지 아니 하였느니라 그러므로 그들이 엎드러질 자와 함께 엎드러질 것이라 내가 그들을 벌할 때에 그들이 거꾸러지리라 여호와의 말이니라”(렘 8:7~12)

어느 교회에 가니 기도를 하고 있는 목사님도 검은 개로 보이고 기도를 받는 성도도 개로 보였다. 목사님께 남북통일에 대해 이야기를 하였더니 이단이라고 하였다. 예배시간에 사모님 앞에 렘 13:13절 말씀이 박히더니 교회에 분쟁이 나서 목사님과 교인들 간에 재판이 벌어지는 일이 생겼다.

“너는 다시 그들에게 이르기를 여호와의 말씀에 보라 내가 이 땅의 모든 거민과 다윗의 위에 앉은 왕들과 제사장들과 선지자들과 예루살렘 모든 거민으로 잔뜩 취하게 하고 또 그들로 피차 충돌하여 상하게 하되 부자간에도 그러하게 할 것이라 내가 그들을 불쌍히 여기지 아니하며 관용치 아니하며 아끼지 아니하고 멸하리라 하셨다 하라 여호와의 말이니라 너희는 들을찌어다. 귀를 기울일찌어다, 교만하지 말찌어다, 여호와께서 이같이 말씀하시느니라 그가 흑암을 일으키시기 전, 너희 발이 흑암이 되게 하시기 전에 너희 하나님 여호와께 영광을 돌리라 너희가 이를 듣지 아니하면 나의 심령이 너희 교만을 인하여 은근히 곡할 것이며 여호와의 양 무리가 사로잡힘을 인하여 눈물을 흘려 통곡하리라”(렘 13:13~17)

친정 마을에 하늘에서 빨간 비가 내리는 바람에 식수가 없어 먹을 물이 없었다. 빨간 비가 내린다는 건 재앙이 온다는 것이다.

“가로되 주의 강림하신다는 약속이 어디 있느뇨 조상들이 잔 후로부터 만물이 처음 창조할 때와 같이 그냥 있다 하니 이제 하늘과 땅은 그 동일한 말씀으로 불사르기 위하여 간수하신 바 되어 경건치 아니한 사람들의 심판과 멸망의 날까지 보존하여 두신 것이니라 그러나 주의 날이 도적같이 오리니 그 날에는 하늘이 큰 소리로 떠나가고 체질이 뜨거운 불에 풀어지고 땅과 그 중에 있는 모든 일이 드러나리로다”(벧후 3:4, 7, 10)

“이 유다 사람들도 포도주로 인하여 옆걸음 치며 독주로 인하여 비틀거리며 제사장과 선지자도 독주로 인하여 옆걸음 치며 포도주에 빠지며 독

주로 인하여 비틀거리며 이상을 그릇 풀며 재판할 때에 실수하나니"(사 287)

어느 가정에 목사님, 사모님, 전도사님과 같이 심방을 가게 됐다. 가는 중에 그 가정은 남편이 술이 취하면 아내를 쫓아 내기 때문에 옷을 벗고 자지 못한다고 하며 또 교회 성도들이 옆걸음을 걷고 있는 것을 꿈에 보았다는 말을 사모님으로부터 들었다. 사전에 상의 없이 갑자기 말씀을 전하라 하여 잠언 12:4절과 잠 31:10, 12절을 전하며 남편을 세워주라는 말씀을 전하였더니 내 속도 모르면서 그런 말을 한다고 하며 나는 그 말씀을 안 듣겠다고 하였다.

어이가 없어 난처해 하고 있는데 같이 동행한 사람 중에 누구라도 이건 하나님의 말씀이니 같이 기도해 보자고 라고 해야 할 텐데 모두 아무 말 없이 앉아 있다 나왔다. 하나님의 말씀을 무시하는 자들하고는 함께 하지말라는 말씀을 받고 그 교회를 나가지 않게 되었다.

"사무엘이 사울에게 이르되 나는 왕과 함께 돌아가니 아니하리니 이는 왕이 여호와의 말씀을 버렸으므로 여호와께서 왕을 버려 이스라엘 왕이 되지 못하게 하셨음이니다. 하고"(삼상 15:26)

52. 심은 나무마다 꺾이지 않게 하라

너희 귀머거리들아 들으라 너희 소경들아 밝히 보라 소경이 누구냐 내 종이 아니냐.

누가 나의 보내는 나의 사자 같이 귀머거리겠느냐 누가 나와 친한 자 같이 소경이겠느냐 누가 여호와의 종같이 소경이겠느냐(사 42:18).

그러므로 만군의 하나님 여호와가 이같이 말하노라 그들이 이 말을 하였은 즉 볼찌어다 내게 네 입에 있는 나의 말로 불어 되게 하고 이 백성으로 나무가 되게 하리니 그 불이 그들을 사르리라(렘 5:14).

이로써 그 보배롭고 지극히 큰 약속을 우리에게 주사 이 약속으로 말미암아 너희로 정욕을 인하여 세상에서 썩어질 것을 피하여 신의 성품에 참예하는 자가 되게 하려 하셨으니(벧후 1:4).

너희가 일찍이 일어나고 늦게 누우며 수고의 떡을 먹음이 헛되도다. 그러므로 여호와께서 그 사랑하시는 자에게 잠을 주시는도다(시 127:2).

네가 누울 때에 두려워하지 아니겠고 네가 누은 즉 네 잠이 달리로다(잠 3:24).

사람의 심령은 그 병을 능히 이기려니와 심령이 상하면 그것을 누가 일으키겠느냐(잠 18:14).

너희가 내 안에 거하고 내 말이 너희 안에 거하면 무엇이든지 원하는 대로 구하라 그리하면 이루리라 너희가 과실을 많이 맺으면 내 아버지께서 영광을 받으실 것이요 너희가 내 제자가 되리라(요 15:7~8).

"심은 나무마다 꺾이지 않게 하라"

주의 종등에게 하시는 말씀이다. 분명히 전하라 하신다.

예수님 안에 심기워진 나무(주의 종)가 꺾이지 않게 하라. 소경이 소경을 안도하면 어떻게 되겠는가? 교회에서 오직 신본주의로 말씀만 전해야 하는데, 성도들의 눈치를 보며, 성도들의 귀를 즐겁게 하는 인본주의로 가는 것을 보며 주님은 말씀하신다. (신의 성품에 참예하는 자가 되라고)

일흔이 넘는 목사님 사모님께서 하시는 말씀이 수십 년 전부터 저녁이면 잠이 오지 않아 수면제를 복용하고 있다고 하셨다. 사실 많은 목사님들이 의외로 수면제를 복용하고 있다는 말씀도 하셨다. 그 말을 듣고 기도하는데 성령의 음성이 들려오기를 여호와께서 그 사랑하시는 자에게 잠을 주시는 도다(시 127:2) 그런데 왜 잠을 못 이루시고 수면제를 복용하는 것일까? 그것은 (인본주의) 기도로 맡기지 못하고 걱정근심이 많아 잠을 못 이룬다는 것이다.

하나님은 철저하게 신본주의로 사명을 감당하기 원하며, 예수 안에 많은 과실을 맺어 영광돌리기를 원하신다.

53. 장애인을 향하여

무당을 섬기며 우상을 섬기던 가정이(눅 21:25~26), 아이 뱃속에 공책이 들어있어서 뜨게 바늘로 "주여 주여"하면서 찾은 말이 이 말씀입니다.

"그런즉 너희는 너희 길과 행위를 고치고 너희 하나님 여호와의 목소리를 청종하라 그리하면 여호와께서 너희에게 선고하신 재앙에 대하여 뜻을 돌이키시리라"(렘 26:13)

"나 여호와가 말하노라너희를 향한 나의 생각은 내가 아나니 재앙이 아니라 곧 평안이요, 너희 장래에 소망을 주려하는 생각이라 너희는 내게 부르짖으며 와서 내게 기도하면 내가 너희를 들을 것이요"(렘 29:11~12)

"하나님을 잊어버린 너희여 이제 이를 생각하라 그렇지 않으면 내가 너희를 찢으리니 건질자 없으리라"(시 50:22)

"예수께서 대답하여 가라사대 어떤 사람이 예루살렘에서 여리고로 내려가다가 강도를 만나매강도들이 그 옷을 벗기고 때려 거반 죽은 것을 버리고 갔더라"(눅 10:30)

"잠시 잠깐 후면 오실 이가 오시리니 지체하지 아니하시리라 오직 나의 의인은 믿음으로 말미암아 살리라 또한 뒤로 물러가면 내 마음이 저를 기뻐하지 아니하리라 하셨느니라 우리는 뒤로 물러가 침륜에 빠질 자가 아니요 오직 영혼을 구원함에 이르는 믿음을 가진 자니라"(히 10:37~39)

또 내게 이르시되 너는 이 모든 뼈에게 대언하여 이르기를 너희 마른 뼈들아 여호와의 말씀을 들을지어다 주 여호와께서 이 뼈들에게 말씀하시기를 내가 생기로 너희에게 들어가게 하리니 너희가 살리라 너희 위에 힘줄을 두고 살을 입히고 가죽으로 덮고 너희 속에 생기를 두리니 너희가 살리라 또 나를 여호와인 줄 알리라 하셨디 하라 이에 내가 명을 좇아 대언하니 대언할 때에 소리가 나고 움직이더니 이 뼈, 저 뼈가 들어맞아서 뼈들이 서로 연락하더라 내가 또 보니 그 뼈에 힘줄이 생기고 살이 오르며 그 위에 가죽이 덮이나 그 속에 생기는 없더라 또 내게 이르시되 인자야 너는 생기를 향하여 대언하라 생기에게 대언하여 이르기를 주여호와의 말씀에 생기야 사방에서부터 와서 이 사망을 당한 자에게 불어서 살게 하라 하셨다 하라 내 백성들아 내가 너희 무덤을 열고 너희로 거기서 나오게 한즉 너희가 나를 여호와인 줄 알리라 여호와의 말씀이 또 내게 임하여 가라사대 인자야 너는 막대기 하나를 취하여 그 위에 유다와 그 짝 이스라엘 자손이라 쓰고 또 다른 막대기 하나를 취하여 그 위에 에브라임의 막대기 곧 요셉과 그 짝 이스라엘 온 족속이라 쓰고 그 막대기들을 서로 연합하여 하나가 되게 하라 네 손에서 둘이 하나가 되리라" (겔 37:4)

"내가 만일 이 책에 기록한 이 율법의 모든 말씀을 지켜 행하지 아니하고 네 하나님 여호와라 하는 영화롭고 두려운 이름을 경외하지 아니하면 여호와께서 너의 재앙과 네 자손의 재앙을 극렬하게 하시리니 그 재앙이 크고 오래고 그 질병이 중하고 오랠 것이라 여호와께서 네게 두려워하던 애굽의 모든 질병을 네게로 가져다가 네 몸에 들어붓게 하실 것이며"(신 28:58~60)

"가라사대 너희가 너희 하나님 나 여호와의 말을 청종하고 나의 보기에 의를 행하며 내 계명을 귀를 기울이며 내 모든 규례를 지키면 내가 애굽 사람에게 내린 모든 질병의 하나도 너희에게 내리지 아니하리니 나는 너희를 치료하는 여호와임이니라" (출 15: 26).

"내 이름을 경외하느 너희에게는 의로운 해가 떠올라서 치료하는 광선을 발하리니 너희가 나가서 외양간에서 나온 송아지 같이 뛰리라" (말 4: 2).

하나님은 말씀하신다. “장애인을 살리라”고 요즘은 국가적으로도 장애인을 위한 복지를 많이 하고 있다. 그러나, 아직도 장애인을 바라보는 시선은 좋지 않으며, 특히 전철안이나 공공장소에서 장애인이 나타나면 거부감을 갖고 대하는 사람들이 있다.

심지어는 교회안에서부터 차별을 하는 가슴아픈 일들이 있다. 먼저 믿는 성도들이 세상에본이 되어질때, 장애인과 비장애인이 함께 살아가는 그리스도의 뜨거운 사랑이 이루어질것이다.

54. 현재 한국교회를 향하여

"너희는 예루살렘 거리로 빨리 왕래하며 그 넓은 거리에서 찾아보고 알라 너희가 만일 고의를 행하며 진리를 구하는 자를 한 사람이라도 찾으면 내가 이 성을 사하리라"

"내가 어찌 너를 사하겠느냐 네 자녀가 나를 버리고 신이 아닌 것들로 맹세하였으며 내가 그들을 배불리 먹인즉 그들이 행음하며 창기의 집에 허다히 모이며 그들은 살찌고 두루 다니는 수 말 같이 각기 이웃의 아내를 따라 부르짖는도다 나 여호와가 이르노라 내가 어찌 이 일들을 인하여 벌하지 아니하겠으며 내 마음이 이런 나라에 보수하지 않겠느냐"

"우준하여 지각이 없으며 눈이 있어도 보지 못하며 귀가 있어도 듣지 못하는 백성이여 이를 들을찌어다"

"여호와께서 말씀하시되 너희가 나를 두려워 아니하느냐 내 앞에서 떨지 아니하겠느냐 내가 모래를 두어 바다의 계한을 삼되 그것으로 영원한 계한을 삼고 지나지지 못하게 하였으므로 파도가 흉용하나 그것을 이기지 못하며 뛰노나 그것을 넘지 못하느니라"

"조롱에 새들이 가득함같이 너희 집들에 속임이 기득하도다. 그러므로 너희가 창대하고 거부가 되어 살찌고 윤택하며 또 행위가 심히 악하여 자기 이익을 얻으려고 송사 곧 고아의 송사를 공정히 하지 아니하며 빈민의 송사를 공평히 판결치 아니하니 내가 이 일들을 인하여 벌하지 아니하겠으며 내 마음이 이같은 나라에 보수하지 않겠느냐 여호와의 말이니라"

"선지자들은 거짓을 예언하며 제사장들은 자기 권력으로 다스리며 내 백성은 그것을 좋게 여기니 그 결국에는 너희가 어찌 하려느냐"(렘 5:1, 7~9, 21~22, 27~29, 31)

현재 한국 교회의 수많은 목회자들이 음란함으로 넘어지고, 예수님의 겸손함이 아닌 권력으로 교회를 다스리고 있습니다. 예수님은 이 땅의 죄인과 천한 자들을 위해 낮은 곳으로 오셨는데 그 모습을 닮아 가야할 목회자와 성도들이 세상과 다를 것없이 물질과 탐욕, 정욕을 위해 살고 있습니다. 우리는 이러한 한국 교회의 모습을 보며 하나님 앞에서 두렵고 떨림으로 회개해야 합니다.

"하나님을 알되 하나님으로 영화롭게도 아니하며 감사치도 아니하고 오히려 그 생각이 허망하여지며 미련한 마음이 어두워졌나니 스스로 지혜 있다 하나 우준하게 되어 썩어지지 아니하는 하나님의 영광을 썩어질 사람과 금수와 버러지 형상으로 바꾸었느니라.

그러므로 하나님께서 저희를 마음의 정욕대로 더러움에 내어 버려두사 저희 몸을 서로 욕되게 하셨으니 이는 저희가 하나님의 진리를 거짓 것으로 바꾸어 피조물을 조물주보다 더 경배하고 섬김이라 주는 곧 영원히 찬송할 이시로다 아멘" (롬 1:21~25)

"손에 키를 들고 자기의 타작마당을 정하게 하사 알곡은 모아 곡간에 들이고 쭉정이는 꺼지지 않는 불에 태우시리라" (마 3:12)

"모든 민족을 그 앞에 모으고 각각 분별하기를 목자가 양과 염소를 분별하는 것같이 하여 양은 그 오른편에, 염소는 왼편에 두리라 그 때에 임금이 그 오른편에 있는 자들에게 이르시되 내 아버지께 복 받을 자들이여 나아와 창세로부터 너희를 위하여 예비된 나라를 상속하라" (마 25:32~34)

"그 때에 인자의 징조가 하늘에서 보이겠고 그 때에 땅의 모든 족속들이 통곡하며 그들이 인자라 구름을 타고 능력과 큰 영광으로 오는 것을 보리라 저가 큰 나팔소리와 함께 천사들을 보내리니 저희가 그 택하신 자들을 하늘 이 끝에서 저 끝까지 사방에서 모으리라" (마 24:30~31)

"내가 너희에게 이르노니 속히 그 원한을 풀어 주시리라 그러나 인자가 올 때에 세상에서 믿음을 보겠느냐 하시니라" (눅 18:8)

"모세가 놋뱀을 만들어 장대 위에 다니 뱀에게 물린 자마다 놋뱀을 쳐다본즉 살더라" (민 21:9)

"하늘에서 내려온 자 곧 인자 외에는 하늘에 오라간 자가 없느니라 모

세가 광야에서 뱀을 든 것같이 인자도 들려야 하리니 이는 저를 믿는 자마다 영생을 얻게 하려 하심이니라

하나님이 세상을 이처럼 사랑하사 독생자를 주셨으니 이는 저를 믿는 자마다 멸망치 않고 영생을 얻게 하려 하심이니라”(요 3:13~16)

하나님의 아들이신 예수님을 믿어야 합니다.

“그러나 그가 먼저 많은 고난을 받으며 이 세대에게 버린바 되어야 할찌니라 노아의 때에 된 것과 같이 인자의 때에도 그러하니라 노아가 방주에 들어가던 날까지 사람들이 먹고 마시고 장가 들고 시집 가더니 홍수가 나서 저희를 다 멸하였으며 또 롯의 때와 같으려니 사람들이 먹고 마시고 사고 팔고 심고 집을 짓더니 롯이 소돔에서 나가던 날에 하늘로서 불과 유황이 비오듯하여 저희를 멸하였느니라 인자의 나타나는 날에도 이러하리라”(눅 17:25~30)

“예수께서 대답하여 가라사대 엘리야가 과연 먼저 와서 모든 일을 회복하리라 내가 너희에게 말하노니 엘리야가 이미 왔으되 사람들이 알지 못하고 임의로 대우하였도다 인자도 이와 같이 그들에게 고난을 받으리라 하시니”(마 17:11~12)

“엘리야가 백성에게 이르되 여호와의 선지자는 나만 홀로 남았으니 바알의 선지자는 사백 오십인이로다

엘리야가 모든 백성을 향하여 이르되 내게로 가까이 오라 백성이 다 저에게 가까이 오매 저가 무너진 여호와의 단을 수축하되

엘리야가 저희에게 이르되 바알의 선지자를 잡되 하나도 도망하지 못하게 하라 하매 곧 잡은 지라 엘리야가 저희를 기손 시내로 내려다가 거기서 죽이니라”(왕상 18:22, 30, 40) (하나님을 섬겼던 선지자 엘리야와 바알(우상)을 섬겼던 선지자 450명의 사람들, 누구의 신이 진짜 신인지 각각 제단을 쌓고 시험하다가 결국 하나님이 엘리야의 제단에 불을 내리시며 하나님의 살아계심을 보여주셨고 그 후 우상을 숭배한 수많은 사람들이 죽임을 당했다)

“엘리야는 우리와 성정이 같은 사람이로되 저가 비 오지 않기를 간절히 기도한즉 삼년 육개월 동안 땅에 비가 아니오고 다시 기도한즉 하늘이 비를 주고 땅이 열매를 내었느니라. 내 형제들아 너희 중에 미혹하여 진리

를 떠난 자를 누가 돌아서게 하면 너희가 알 것은 죄인을 미혹한 길에서 돌아서게 하는 자가 그 영혼을 사망에서 구원하며 허다한 죄를 덮을 것이니라" (약 5:17~20)

"보라 여호와의 크고 두려운 날이 이르기 전에 내가 선지자 엘리야를 너희에게 보내리니 그가 아비의 마음을 자녀에게로 돌이키게 하고 자녀들의 마음을 그들의 아비에게로 돌이키게 하리라 돌이키지 아니하면 두렵건대 내가 와서 저주로 그 땅을 칠까 하노라 하시니라" (말 4:5~6)

"이제 있는 것이 옛적에 있었고 장래에 있을 것도 예적에 있었나니 하나님은 이미 지난 것을 다시 찾으시느니라" (전 3:15)

55. 추수할 일꾼을 찾으신다

"마일 그 악한 종이 마음에 생각하기를 주인이 더디 오리라 하여"(마 24:48)

"손에 키를 들고 자기의 타작 마당을 정하게 하사 알곡은 모아 곡간에 들이고 쭉정이는 꺼지지 않는 불에 태우시리라"(마 3:12)

"너희가 넉 달이 지나야 추수할 때가 이르겠다 하지 아니하겠느냐 내가 너희에게 이르노니 눈을 들어 밭을 보라 희어져 추수하게 되었도다"(요 4:35)

"열매가 익으면 곧 낫을 대나니 이는 추수 때가 이르렀음이니라 또 가라사대 우리가 하나님의 나라를 어떻게 비하며 또 무슨 비유로 나타낼꼬 겨자씨 한 알과 같으니 땅에 심길 때에는 땅 위의 모든 씨보다 작은 것이로되 심긴 후에는 자라서 모든 나물보다 커지며 큰 가지를 내니 공중의 새들이 그 그늘에 깃들일 만큼 되느니라 예수께서 이러한 많은 비유로 저희가 알아들을 수 있는 대로 말씀을 가르치시되 비유가 아니면 말씀하지 아니하시고 다만 혼자 계실 때에 그 제자들에게 모든 것을 해석하시더라 그 날 저물 때에 제자들에게 이르시되 우리가 저편으로 건너가자 하시니 저희가 무리를 떠나 예수를 배에 계신 그대로 모시고 가매 다른 배들도 함께 하더니 큰 광풍이 일어나며 물결이 부딪혀 배에 들어와 배에 가득하게 되었더라"(막 4:29~37)

"너희는 낫을 쓰라 곡식이 익었도다 와서 밟을 찌어다 포도주 틀이 가득히 차고 포도주 독이 넘치니 그들의 악이 큼이로다 나 여호와가 시온에서 부르짖고 예루살렘에서 목소리를 발하리니 하늘과 땅이 진동되리로다 그러나 나 여호와는 내 백성의 피안처, 이스라엘 자손의 산성이 되리로다 내가 전에는 그들의 피 흘림 당한 것을 갚아 주지 아니하였거니와 이제는

갚아 주리니 이는 나 여호와가 시온에 거함이니라" (요엘 3:13, 16, 21)

"또 내가 보니 흰 구름이 있고 구름 위에 사람의 아들과 같은 이가 앉았는데 그 머리에는 금 면류관이 있고 그 손에는 이한 낫을 가졌더라 또 다른 천사가 성전으로부터 나와 구름 위에 앉은 이를 향하여 큰 음성으로 외쳐 가로되 네 낫을 휘둘러 거두라 거둘 때가 이르러 땅에 곡식이 다 익었음이로다 하니 구름 위에 앉으신 이가 낫을 땅에 휘두르매 곡식이 거두어지니라 또 다른 천사가 하늘에 있는 성전에서 나오는데 또한 이한 낫을 가졌더라 또 불을 다스리는 다른 천사가 제단으로부터 나와 이한 낫 가진 자를 향하여 큰 음성으로 불러 가로되 네 이한 낫을 휘둘러 땅의 포도송이를 거두라 그 포도가 익었느니라 하더라 천사가 낫을 땅에 휘둘러 땅의 포도를 거두어 하나님의 진노의 큰 포도주를 틀에 던지매 성 밖에서 그 틀이 밟히니 틀에서 피가 나서 말굴레까지 닿았고 일천육백 스다디온에 퍼졌더라" (계 14:14~20)

"너희 동네에서 우리 발에 묻은 먼지도 너희에게 떨어 버리노라 그러나 하나님의 나라가 가까이 온 줄을 알라 하라" (눅 10:11)

"예수께서 앉으사 열두 제자를 불러서 이르시되 아무든지 첫째가 되고자 하면 뭇 사람의 끝이 되며 뭇 사람을 섬기는 자가 되어야 하리라 하시고" (마 9:35)

"무릇 내게 오는 자가 자기 부모와 처자와 형제와 자매와 및 자기 목숨까지 미워하지 아니하면 능히 나의 제자가 되지 못하고" (눅 14:26)

"예수께서 이르시되 손에 쟁기를 잡고 뒤를 돌아보는 자는 하나님의 나라에 합당치 아니하니라 하시니라" (눅 9:62)

"그리스도 예수 안에 있는 성도에게 각각 문안하라 나와 함께 있는 형제들이 너희에게 문안하고" (빌 4:21)

"또 네가 많은 증인 앞에서 내게 들은 바를 충성된 사람들에게 부탁하라 저희가 또 다른 사람들을 가르칠 수 있으리라" (딤후 2:2)

"보라 네 문안하는 소리가 내 귀에 들릴 때에 아이가 내 복중에서 기쁨으로 뛰놀았도다" (눅 1:44)

56. 세계 경제 문제 (G20)

2010년 11얼에 세계의 경제문제로 세계 정상들(G20)이 한국에 모이게 하신 분은 하나님이시다. 앞으로 한국이 하나님의 말씀으로 세계를 이끌어 가는 나라가 되기를 원하시는 하나님의 뜻입니다.

"만군의 여호와가 이르노라 너희 열조의 날로부터 너희가 나의 규례를 떠나 지키지 아니하였도다. 그런즉 내게로 돌아오라 그리하면 나도 너희에게로 돌아가리라 하였더니 너희가 이르기를 우리가 어떻게 하여야 돌아 가리이까 하도다. 사람이 어찌 하나님의 것을 도덕질하겠느냐 그러나 너희는 나의 것을 도적질하고도 말하기를 우리가 어떻게 주의 것을 도적질하였나이까 하도다. 이는 곧 십일조와 헌물이라 만군의 여호와가 이르노라 너희의 온전한 십일조를 창고에 들여 나의 집에 양식이 있게 하고 그것으로 나를 시험하여 내가 하늘 문을 열고 너희에게 복을 쌓을 곳이 없도록 붓지 아니하나 보라. 너희 곧 온 나라가 나의 것을 도적질하였으므로 너희가 저주를 받았느니라"(말 3:7, 8, 10, 9)

"너희 제사장들아 이제 너희에게 이같이 명하노라. 만군의 여호와가 이르노라 너희가 만일 듣지 아니하며 마음에 두지 아니하여 내 이름을 영화롭게 하지 아니하면 내가 너희에게 저주를 내려 너희의 복을 저주하리라 내가 이미 저주하였나니 이는 너희가 그것을 마음에 두지 아니 하였음이니라"(말 2:1, 2)

"하늘이여 들으라 땅이여 귀를 기울이라 여호와께서 말씀하시기를 내가 자식을 양육하였거늘 그들이 나를 거역하였도다 소는 그 임자를 알고 나귀는 주인의 구유를 알건마는 이스라엘은 알지 못하고 나의 백성은 깨닫지 못하는도다 하였다. 너희가 어찌하여 매를 더 맞으려고 더욱 더욱 패역하느냐 온 머리는 병들었고 온 마음은 피곤하였고 너희 땅은 황무하였고 너희 성읍들은 불에 탔고 너희 토지는 너희 목전에 이방인에게 삼키웠으며 이방인에게 파괴됨같이 황무 하였으며 딸 시온은 포도원의 망대같이, 원두밭의 상직막같이, 에워싸인 성읍같이 겨우 남았도다시온은 공평으로 구속이 되고 그 귀정한 자는 의로 구속인 되리라"(시 1:2, 3, 5, 7, 8, 27)

"내가 너희를 인도하여 기름진 땅에 들여 그 과실과 그 아름다운 것을 먹게 하였거늘 너희가 이리로 들어와서는 내 땅을 더럽히고 내 기업을 가증히 만들었으며 너 하늘아 이 일을 인하여 놀랄찌어다. 심히 떨지어다. 두려워할찌어다. 여호와의 말이니라. 내 백성이 두 가지 악을 행하였나니 곧 생수의 근원되는 나를 버린 것과 스스로 웅덩이를 판 것인데 그것은 물을 저축지 못할 터진 웅덩이니라"(렘 2:7~13)

57. 사명을 중단하면 하나님이 기뻐하지 않으신다

내가 한 때 사람드을 데리고 먼 교회에 다니고 있었다.

그른데 하루는 내가 보따리를 싸서 옮겨 다니며 사람들을 모아놓고 예배를 드리는 꿈이 보였다. 그 꿈을 꾼 후 장로님 한 분이 나에게 교회를 세우자고 찾아왔다. 그래서 어느 집 방에 모여 예배를 시작하게 되었는데 픽박이 와 다른 집으로 옮겨 예배를 드리게 되었다.

그 곳에서도 핍박이 너무 심해서 내가 상심하여 하나님께 '성전을 주기 전에는 교회를 안 하겠다' 고 하니 하나님께서 또 다른 꿈을 통해 무언가를 보여주셨다.

꿈속에서 공중에 등불이 있었다. 그리곤 하나미께서 나에게 성전 터를 하나 주시는데, 내가 가시덤불 같은 것을 그 성전 안에 갖다 놓았더니 가시덤불이 반석으로 변하는 것이 보였다. 그래서 꿈에서 본 것이 무슨 뜻이냐고 하나님께 여쭈어보니

"다 같인 신령한 음료를 마셨으니 이는 저희를 따르는 신령한 반석으로부터 마셨으매 그 반석은 곧 그리스도시라"(고전 10:4)

이 말씀을 주셨다.

반석은 예수님이시고 가시덤불은 사람들의 엉클어진 마음이라 하며 누구든지 예수님이 계시는 교회에 오게 되면 사람들의 심령이 변화가 되다고 하셨다.

또 교회를 하다가 핍박이와 교회를 중단하겠다는 마음을 먹었을 때 하나님께서 또 다른 꿈을 꾸게 하셨다.

꿈속에서 천국 가는 버스를 탔는데 나 혼자만 버스를 타고 있는 것이었다.

남편은 차 앞바퀴에 치어 나무토막처럼 쓰러지고 아이들은 차 뒷바퀴

에 치이는 모습이 보였다. 그 꿈을 꾸고 얼마 후 실제로 우리 아이가 학교에서 돌아오는 길에 버스에 부딪쳐 다리 밑 물속에 빠지고 버스도 다리 밑으로 추락하는 사고가 일어났다. 그리고 남편도 갑자기 쓰러지는 일이 일어났다.

사람들은 아이가 죽을 거라 하였는데 하나님의 은혜로 다행히 몇 바늘 꿰매고 퇴원을 하게 되었고 남편도 병원에 후송되어 갔다가 큰일 없이 퇴원을 하게 되었다.

이 사건을 통하여 크게 깨달은 것이 있었다.

사명을 감당하다가 중단을 하게 되면 엄청난 환난이 올 수 있다는 사실이다.

"푯대를 향하여 그리스도 예수 안에서 하나님이 위에서 부르신 부름의 상을 위하여 좇아가는 노라" (빌 3:14)

58. 치료의 하나님

또 어느 나른 기도 중에 내 입에서 갑자기 '문둥병이 온다' … 계시가 나오더니 얼마 지나지 안아 나의 아들, 딸 삼남매에게 온몸에 콩 만한 것이 붉어져 올라오는 것이었다. 약을 먹고 병원에 가서 주사를 맞아도 낫지는 않고 오히려 더 크게 불어났다.

그 뿐 아니라 백일기침, 신장염, 피부병이 더해져 아이들이 다 죽어가는 지경이었고 남편은 나에게 애드을 아프게 만들었다고 야단이었다. 안되겠다 싶어 약을 다 버리고, 남편에게 기도하는 걸 방해하지 말라 신신당부를 하고 작정기도에 들어갔다. 작정기도를 하고 나니 가족들의 모든 병이 한꺼번에 다 나으면서 "네가 먼저 앓고 나서 너와 같은 어리석은 자들을 건져내라" 하시며 나에게 이 말씀을 주셨다.

"내가 증거하노니 저희가 하나님께 열심히 있으나 자식을 좇은 것이 아니라 네가 만일 네 입으로 예수를 주소 시인하며 또 하나님께서 그를 죽은 자 가운데서 살리신 것을 네 마음에 믿으면 구원을 얻으리니 사람이 마음으로 믿어 의에 이르고 입으로 시인하여 구원에 이르느니라 성경에 이르되 누구든지 저를 믿는 자는 부끄러움을 당하지 아니하리라 하니 유대인이나 헬라인이나 차별이 없음이라 한 주께서 모든 사람의 주가 되사 저를 부르는 모든 사람에게 부요 하시도다 누구든지 주의 이름을 부르는 자는 권을 얻으리라" (롬 10:2, 9~13)

"너희는 이전 일을 기억하지 말며 옛적 일을 생각하지 말라 보라 내가 새일을 행하리니 이제 나타낼 것이라 너희가 그것을 알지 못하겠느냐 정녕히 내가 광야에 길과 사막에 강을 내리니이 백성은 내가 나를 위하여 지었나니 나의 찬송을 부르게 하려 함이니라.

나 곧 나는 여호와라 나 외에 구원자가 없느니라 내가 고하였으며 구원하였으며 보였고

59. 온 방안에 하나님의 음성이 들리다

온방에 하나님의 음성이 들린다

74년도 하나님께서 나에게 친정 교회인 신촌교회에서 3일 철야를 하라 하셔서 철야를 하는데 "이는 선지자로 하신 말씀을 이루려 하심이라 알렸으되"(마 21:4) 말씀을 주시며 꿈속에서 쇠로된 명찰과 계급장을 주셨다. 하나님께서는 이 계급자에 대해 설명해 주셨는데 하나님을 모르는 사마리아인으로부터 하나님의 성령이 함께하신 시온성까지 예수를 믿게 한 것이 바로 계급장이라 하셨사다.

그리고 또 "예수는 한 어린 나귀를 만나서 타시니 이는 기록된 바 시온 딸아 두려워 말라 보라 너의 왕이 나귀 새끼를 타고 오신다 함과 같더라 제자들은 처음에 이 일을 깨닫지 못하였다가 예수께서 영광을 얻으신 후에야 이것이 예수께 대하여 기록된 것임과 사람들이 예수께 이같이 한 것인 줄 생각났더라"(요 12:14~16) 말씀을 주시며 나에게 대뜸 한 서방 집에 가서 도장을 받아오라 하셨다. 영문도 모른 채 하나님의 명령에 이끌려 신촌교회 권사이신 숙모 집에 갔다. 숙모에게 "꿈에 하나님이 도장을 받아오라 해서 도장을 받으러 왔다" 고 하니 숙모님이 "신기하다"하시면서 본인도 어젯밤 꿈에 예수님이 하얀 옷을 입고 구름을 타고 오시는 걸 보았다고 하였다.

하나님께서는 예수님이 다시 오신다는 말씀을 확증시키기 위해 내가 철야하는 그 시간에 축모님에게도 꿈을 통해 같은 말씀을 계시해 주신 것이었다.

어느날 조카 집에 세명의 식구가 앉아있었는데 갑자기 "아사야 9장 6절을 보라"하는 음성이 우렁차게 들렸다.

(이는 한 아기가 우리에게 났고 한 아들을 우리에게 주신 바 되었는데 그 어깨에는 정사를 메었고 그 이름은 기묘자라, 모사라, 정능하신 하나님 이라, 영존하시는 아버지라, 평강의 왕이라 할 것임이라)

"볼찌어다 구름을 타고 오시리라 각인의 눈이 그를 보겠고 그를 찌른 자들도 볼 터이요 땅에 있는 모든 족속이 그를 인하여 애곡하리니 그러하리라 아멘" (계 1:7)

"그 날에 강림하사 그의 성도들에게서 영광을 얻으시고 모든 믿는 자에게서 기이히 여김을 얻으시리라(우리의 증거가 너희에게 믿어졌음이라)" (살후 1:10)

60. 중국 선교지에서

중국선교를 하러 가는 중에 배를 타게 되었는데 그 큰 배가 흔들리더니 책상에 올려 놓았던 성경책이 바닥에 떨어지는 일이 있었는데 "막 4:37" 절의 예수님이 바다를 꾸짖어 바다를 잔잔케 하였던 것처럼 기도를 드렸더니 바람이 잔잔해졌다. 중국 교회에 도착하여 "겔 4:7~9" 절 말씀을 증거하며 예수님이 곧 생명의 떡이며 각 나라 사람이 예수님을 닮아가야 한다고 전하니 그곳에 있는 목사님들도 옳다고 인정을 하였다.

"시온에서 나팔을 불며 나의 성산에서 호각을 불어 이 땅 거민으로 다 떨게 할찌니 이는 여호와의 날이 이르게 됨이니라 이제 임박하였으니

"여호와의 말씀에 너희는 이제라도 금식하며 울며 애통하고 마음을 다하여 내게로 돌아오라 하셨나니 너희는 옷을 찢지 말고 마음을 찢고 너희 하나님 여호와께로 돌아올찌어다 그는 은혜로우시며 자비로우시며 노하기를 더디하시며 인애가 크시사 뜻을 돌이켜 재앙을 내리지 아니하시나니 그 후에 내가 내 신을 만민에게 부어 주리니 너희 자녀들이 장래일을 말할 것이며 너희 늙은이는 꿈을 꾸며 너희 젊은이는 이상을 볼 것이며 그 때에 내가 또 내 신으로 남정과 여종에게 부어 줄 것이며 내가 이적을 하늘과 땅에 베풀리니 곧 피와 불과 연기 기둥이라 여호와의 크고 두려운 날이 이르기 전에 해가 어두워지고 달이 핏빛같이 변하려니와 누구든지 여호와의 이름을 부르는 자는 구원을 얻으리니 이는 나 여호와의 말대로 시온 산과 예루살렘에서 피할 자가 있을 것임이요 남은 자 중에 나 여호와의 부름을 받을 자가 있을 것임이니라"(엘 2:1, 12, 13, 28~32)

찬송 202장 죄에서 자유를 얻게 함은 보혈의 능력 주의 보혈!

"그러나 너를 책망할 것이 있나니 너의 처음 사랑을 버렸느니라

귀 있는 자는 성령이 교회들에게 하시는 말씀을 들을찌어다 이기는 그

에게는 내가 하나님의 낙원에 있는 생명나무의 과실을 주어 먹게 하리라 귀 있는 자는 성령이 교회들에게 하시는 말씀을 들을찌어다 이기는 그에게는 내가 감추었던 만나를 주고 또 흰 돌을 줄터인데 그 돌 위에 새 이름을 기록한 것이 있나니 받는 자 밖에는 그 이름을 알 사람이 없느니라 다만 너희에게 있는 것을 내가 올 때까지 굳게 잡으라 이기는 자와 끝까지 내 이름을 지키는 그에게 만국을 다스리는 권세를 주리니 그가 철장을 가지고 저희를 다스려 질그릇 깨드리는 것과 같이 하리라 나도 내 아버지께 받은 것이 그러하니라 내가 또 그에게 새벽 별을 주리라 귀 있는 자는 성령이 교회들에게 하시는 말씀을 들을찌어다"(계 2:4, 7, 17, 25~29)

"그의 팔로 힘을 보이사 마음의 생각이 교만한 자들을 흩으셨고 권세 있는 자를 그 위에서 내리치셨으며 비천한 자를 높이셨고 주리는 자를 좋은 것으로 배불리셨으며 부자를 공수로 보내셨도다"(눅 1:51~53)

"보라 내가 새 일을 행하리니 이제 나타낼 것이라 너희가 그것을 알지 못하겠느냐 정녕히 내가 광야에 길과 사막에 강을 내리니 장차 들짐승 곧 사랑과 및 타조도 나를 조경할 것은 내가 광야에 물들을, 사막에 강들을 내어 내 백성, 나의 택한 자로 마시게 할 것임이라 이 백성

61. 다시 오실 예수님은 심판하신다

하늘에서 빨간 비가 내리니까 식수가 없게 되니 예수님 모시고 하나님 경외하는 주방에 물두멍이 있으니 말씀과 기도하는 집에는 물두멍이 있는 것을 보이니 "요란한 소리가 땅 끝까지 이름은 여호와께서 열국과 다투시며 모든 육체를 심판하시며 악인을 칼에 붙이심을 인함이라 하라 여호와의 말이니라 나 만군의 여호와가 말하노라 보라 재앙이 나서 나라에서 나라에 미칠 것이며 대풍이 땅 끝에서 일어날 것이라 그 날에 나 여호와에게 살륙을 당한 자가 땅 이 끝에서 땅 저 끝에 미칠 것이나 그들이 슬퍼함을 받지 못하며 염습함을 입지 못하며 매장함을 얻지 못하고 지면에서 분토가 되리로다 너희 목자들아 외쳐 애곡하라 너희 양떼의 인도자들아 재에 굴라 이는 너희 도륙을 당할 날과 흩음을 당할 기한이 찼음인즉 너희가 귀한 그릇의 떨어짐 같이 될 것이라 목자들은 도망할 수 없겠고 양떼의 인도자들은 도피할 수 없으리로다 목자들의 부르짖음과 양떼의 인도자들의 애곡하는 소리여 나 여호와가 그들의 초장으로 황폐케 함이로다 평안한 목장들이 적막하니 이는 여호와의 진노의 연고로다 그가 사자 같이 그 소혈에서 나오셨도다 그 잔멸하는 자의 진노와 그 극렬한 분으로 인하여 그들의 땅이 황량하였도다"(렘 25:31~38)

"손에 키를 들고 자기의 타작 마당을 정하게 하사 알곡은 모아 곡간에 들이고 쭉정이는 꺼지지 않는 불에 태우시리라"(마 3:12).

"모든 민족을 그 앞에 모으고 각각 분별하기를 목자가 양과 염소를 분별하는것 같이 하여 양은 그 오른편에, 염소는 왼편에 두리라… 또 왼편에 있는 자들에게 이르시되 저주를 받은 자들아 나를 떠나 마귀와 그 사자들을 위하여 예비된 영영한 불에 들어가라… 저희는 영벌에, 의인들은 영생에 들어가리라 하시니라” (마 25:32,33,41,46).

“아버지께서 아무도 심판하지 아니하시고 심판을 다 아들에게 맡기셨으니” (요 5:22).

“예수께서 이르시되 네게 말하는 내가 그로라 하시니라 …거두는 자가 이미 삯도 받고 영생에 이르는 열매를 모으나니 이는 뿌리는 자와 거두는 자가 함께 즐거워하게 하려 함이니라 …여자의 말이 그가 나의 행한 모든 것을 내게 말하였다 증거하므로 그 동리 중에 많은 사마리아인이 예수를 믿는지라” (요 4:26,36,39).

“불이 강처럼 흘러 그 앞에서 나오며 그에게 수종하는 자는 천천이요 그 앞에 시위한 자는 만만이며 심판을 베푸는데 책들이 펴 놓였더라” (단 7:10).

“심판 때에 남방 여왕이 일어나 이 세대 사람을 정죄하리니 이는 그가 솔로몬의 지혜로운 말을 들으려고 땅 끝에서 왔음이어니와 솔로몬보다 더 큰이가 여기있느니라” (마 12:42).

“오직 너희는 택하신 족속이요 왕같은 제사장들이요 거룩한 나라요 그의 소유된 백성이니 이는 너희를 어두운데서 불러내어 그의 기이한 빛에 들어가게 하신 자의 아름다운 덕을 선전하게 하려 하심이라” (벧전 2:9).

“그가 와서 죄에 대하여 의에 대하여 심판에 대하여 세상을 책망하시리라” (요 16:8).

“내가 문이니 누구든지 나로 말미암아 들어가면 구원을 얻고 또는 들어가며 나오며 꼴을 얻으리라” (요 10:9).

“여자가 아들을 낳으니 이는 장차 철장으로 만국을 다스릴 남자라 그 아이를 하나님 앞과 그 보좌 앞으로 올려가더라” (계 12:5).

“누구든지 하나님의 뜻대로 하는 자는 내 형제요 자매요 모친이니라” (막 3:35).

“여호와께서 말씀하시되 내가 술법으로도 제어할 수 없는 뱀과 독사를 너희 중에 보내리니 그것들이 너희를 물리라 하시도다” (렘 8:17).

“공중의 학은 그 정한 시기를 알고 반구와 제비와 두루미는 그 올 때를 지키거늘 내 백성은 여호와의 규례를 알지 못하도다 하셨다 하라” (렘

8:7).

"그들이 딸 내 백성의 상처를 심상히 고쳐주며 말하기를 평강하다, 평강하다 하나 평강이 없도다"(렘 8:11).

"만일 우리 복음이 가리웠으면 망하는 자들에게 가리운 것이라"(고후 4:3).

"우리가 세상의 영을 받지 아니하고 오직 하나님께로 온 영을 받았으니 이는 우리로 하여금 하나님께서 우리에게 은혜로 주신 것들을 알게 하려 하심이라"(고전 2:12).

62. 교회는 반드시 회복될 것

"만일 내가 지체하면 너로 하나님의 집에서 어떻게 행하여야 할 것을 알게 하려 함이니 이 집은 살아 계신 하나님의 교회요 진리의 기둥과 터이니라" (딤전 3:15).

"너희가 말세에 나타내기로 예비하신 구원을 얻기 위하여 믿음으로 말미암아 하나님의 능력으로 보호하심을 입었나니… 예수를 너희가 보지 못하였으나 사랑하는도다 이제도 보지 못하나 믿고 말할 수 없는 영광스러운 즐거움으로 기뻐하니" (벧전 1:5,9).

"오직 너희가 그리스도의 고난에 참예하는 것으로 즐거워하라 이는 그의 영광을 나타내실 때에 너희로 즐거워하고 기뻐하게 하려 함이라… 만일 그리스도인으로 고난을 받은즉 부끄러워 말고 도리어 그 이름으로 하나님께 영광을 돌리라 하나님 집에서 심판을 시작할 때가 되었나니 만일 우리에게 먼저 하면 하나님의 복음을 순종치 아니하는 자들의 그 마지막이 어떠하며" (벧전 4:13,16,17).

"이러므로 우리에게 구름같이 둘러싼 허다한 증인들이 있으니 모든 무거운 것과 얽매이기 쉬운 죄를 벗어 버리고 인내로써 우리 앞에 당한 경주를 경주하며 믿음의 주요 또 온전케 하시는 이인 예수를 바라보자 저는 그 앞에 있는 즐거움을 위하여 십자가를 참으사 부끄러움을 개의치 아니하시더니 하나님 보좌 우편에 앉으셨느니라… 또 아들들에게 권하는 것같이 너희에게 권면하신 말씀을 잊었도다 일렀으되 내 아들아 주의 징계하심을 경히 여기지 말며 그에게 꾸지람을 받을 때에 낙심하지 말라 주께서 그 사랑하시는 자를 징계 하시고 그의 받으시는 아들마다 채찍질 하심이니라 하였으니" (히 12:1,2,5,6).

"교회는 그의 몸이니 만물 안에서 만물을 충만케 하시는 자의 충만이니라" (엡 1:23).

"나 여호와가 말하노라 내가 시온에 돌아왔은즉 예루살렘 가운데 거하리니 예루살렘은 진리의 성읍이라 일컫겠고 만군의 여호와의 산은 성산이라 일컫게 되리라 만군의 여호와가 말하노라 예루살렘 길거리에 늙은 지아비와 늙은 지어미가 다시 앉을 것이라 다 나이 많으므로 각기 손에 지팡이를 잡을 것이요 그 성읍 거리에 동남과 동녀가 가득하여 거기서 장난하리라 만군의 여호와가 말하노라 이 일이 그 날에 남은 백성의 눈에는 기이하려니와 내 눈에 어찌 기이하겠느냐 만군의 여호와의 말이니라 만군의 여호와가 말하노라 내가 내 백성을 동방에서부터, 서방에서부터 구원하여 내고 인도하여다가 예루살렘 가운데 거하게 하리니 그들은 내 백성이 되고 나는 성실과 정의로 그들의 하나님이 되리라… 유다 족속아, 이스라엘 족속아, 너희가 이방 가운데서 저주가 되었었으나 이제는 내가 너희를 구원하여 너희로 축복이 되게 하리니 두려워 말지니라 손을 견고히 할지니라… 너희가 행할 일은 이러하니라 너희는 각기 이웃으로 더불어 진실을 말하며 너희 성문에서 진실하고 화평한 재판을 베풀고" (슥 8:3~8,13~16).

"보라 장차 한 왕이 의로 통치할 것이요 방백들이 공평으로 정사 할 것이며…너희 안일한 여자들아 떨지어다 너희 염려 없는 자들아 당황하여 할지어다 옷을 벗어 몸을 드러내고 베로 허리를 동일지어다" (사 32:1,11).

"시온이여 깰지어다 깰지어다 네 힘을 입을지어다 거룩한 성 예루살렘이여 네 아름다운 옷을 입을지어다 이제부터 할례받지 않은 자와 부정한 자가 다시는 네게로 들어옴이 없을 것임이니라 너는 티끌을 떨어버릴지어다 예루살렘이여 일어나 보좌에 앉을지어다 사로잡힌 딸 시온이여 네 목의 줄을 스스로 풀지어다 여호와께서 이같이 말씀하시되 너희가 값없이 팔렸으니 돈 없이 속량되리라" (사 52:1~3).

"말일에 여호와의 전의 산이 모든 산꼭대기에 굳게 설 것이요 모든 작은 산 위에 뛰어나리니 만방이 그리로 모여들 것이라 많은 백성이 가며 이르기를 오라 우리가 여호와의 산에 오르며 야곱의 하나님의 전에 이르자 그가 그 도로 우리에게 가르치실 것이라 우리가 그 길로 행하리라 하니라"(엡 1:23).

"나 여호와가 말하노라 내가 시온에 돌아왔은즉 예루살렘 가운데 거하리니 예루살렘은 진리의 성읍이라 일컫겠고 만군의 여호와의 산은 성산이라 일컫게 되리라 만군의 여호와가 말하노라 예루살렘 길거리에 늙은 지아비와 늙은 지어미가 다시 앉을 것이라 다 나이 많으므로 각기 손에 지팡이를 잡을 것이요 그 성읍 거리에 동남과 동녀가 가득하여 거기서 장난하리라 만군의 여호와가 말하노라 이 일이 그 날에 남은 백성의 눈에는 기이하려니와 내 눈에 어찌 기이하겠느냐 만군의 여호와의 말이니라 만군의 여호와가 말하노라 내가 내 백성을 동방에서부터, 서방에서부터 구원하여 내고 인도하여다가 예루살렘 가운데 거하게 하리니 그들은 내 백성이 되고 나는 성실과 정의로 그들의 하나님이 되리라… 유다 족속아, 이스라엘 족속아, 너희가 이방 가운데서 저주가 되었었으나 이제는 내가 너희를 구원하여 너희로 축복이 되게 하리니 두려워 말지니라 손을 견고히 할지니라… 너희가 행할 일은 이러하니라 너희는 각기 이웃으로 더불어 진실을 말하며 너희 성문에서 진실하고 화평한 재판을 베풀고"(슥 8:3~8,13~16).

"보라 장차 한 왕이 의로 통치할 것이요 방백들이 공평으로 정사 할 것이며…너희 안일한 여자들아 떨지어다 너희 염려 없는 자들아 당황하여 할지어다 옷을 벗어 몸을 드러내고 베로 허리를 동일지어다"(사 32:1,11).

"시온의 딸아 노래할지어다 이스라엘아 기쁘게 부를지어다 예루살렘 딸아 전심으로 기뻐하며 즐거워할지어다 여호와가 너의 형벌을 제하였고 너의 원수를 쫓아내었으며 이스라엘 왕 여호와가 너의 중에 있으니 네가 다시는 화를 당할까 두려워하지 아니할 것이라 그 날에 사람이 예루살렘에게 이르기를 두려워하지 말라 시온아 네 손을 늘어뜨리지 말라 너의 하나님 여호와가 너의 가운데 계시니 그는 구원을 베푸실 전능자시라 그가 너로 인하여 기쁨을 이기지 못하여 하시며 너를 잠잠히 사랑하시며 너로 인하여 즐거이 부르며 기뻐하시리라 하리라"(습 3;14~17).

"시온의 딸아 크게 기뻐할지어다 예루살렘의 딸아 즐거이 부를지어다 보라 네 왕이 네게 임하나니 그는 공의로우며 구원을 베풀며 겸손하여서 나귀를 타나니 나귀의 작은 것 곧 나귀새끼니라" (슥 9:9).

"여호와의 말씀에 시온의 딸아 노래하고 기뻐하라 이는 내가 임하여 네 가운데 거할 것임이니라… 무릇 혈기 있는 자들이 여호와 앞에서 잠잠할 것은 여호와께서 그 성소에서 일어나심이니라 하라 하더라" (슥 2:10~13).

63. 나라의 기둥인 청소년

1999년 10월 10일 제주시에 있는 비디오 가게에 가서 전도를 하게 되었습니다. 나는 학생들에게 예수님 믿고 하나님을 경외하는 사람이 되자고 했더니 학생들 하는 말이 "우리는 불교 믿어요" 하는 것이었습니다.

'부모들의 믿음이 자녀들까지도 죽이는구나!' 하는 생각으로, 지난번 인천에서의 화재사건이 떠올랐습니다. 많은 청소년들이 유흥가를 찾아다니며 인생을 즐기다 당한 사고를 생각하며 이 글을 씁니다.

"여호와여 감찰하소서 뉘게 이같이 행하셨는지요 여인들이 어찌 자기 열매 곧 손에 받든 아이를 먹으오며 제사장들과 선지자들이 어찌 주의 성소에서 살육을 당하오리이까" (애 2:20).

"다른 복은 없나니 다만 어떤 사람들이 너희를 하늘로부터 온 천사라도 우리가 너희에게 전한 복음 외에 다른 복음을 전하면 저주를 받을지어다 우리가 전에 말하였거니와 내가 지금 다시 말하노니 만일 누구든지 너희의 받은 것 외에 다른 복음을 전하면 저주를 받을지어다 이제 내가 사람들에게 좋게 하랴 사람들에게 기쁨을 구하랴 내가 지금까지 사람의 기쁨을 구하는 것이었더면 그리스도의 종이 아니니라 형제들아 내가 너희에게 알게 하노니 내가 전한 복음이 사람의 뜻을 따라 된 것이 아니라" (갈 1:7~11).

"하나님이 이 모든 말씀으로 일러 가라사대 나는 너를 애굽 땅 종 되었던 집에서 인도하여 낸 너의 하나님 여호와로다 너는 나 외에는 다른 신들을 네게 있게 말지니라 나를 사랑하고 내 계명을 지키는 자에게는 천대까지 은혜를 베푸느니라”(출 20:1,2,6).

“만일 누가 가서 우리의 전파하지 아니한 다른 예수를 전파하거나 혹 너희의 받지 아니한 다른 영을 받게 하거나 혹 너희의 받지 아니한 다른 복음을 받게 할 때에는 너희가 잘 용납하는구나”(고후 11:4).

“주 여호와께서 가라사대 보라 날이 이를지라 내가 기근을 땅에 보내리니 양식이 없어 주림이 아니며 물이 없어 갈함이 아니요 여호와의 말씀을 듣지 못한 기갈이라(암 8:11).

여호와를 경외함이 지식의 근본

하나님을 믿고 영의 양식인 말씀으로 채워져야 할 청소년들이 비디오나 만화책으로 시간을 보내고 심지어 유흥가나 길거리를 배회하는 모습을 우리는 주위에서 또는 매스컴을 통해서도 너무나 잘 알고 있습니다.

이것은 사회구조의 모순과 책임도 있겠지만 결국은 하나님을 모르는 소치임을 분명히 알아야 할 것입니다. 하나님을 경외하고 그 하나님을 가르치는 가정이야말로 청소년 탈선의 해결책이고 방법이라는 사실을 성경은 우리에게 보여주고 있는 것입니다.

“청년이여 네 어린 때를 즐거워하며 네 청년의 날을 마음에 기뻐하여 마음에 원하는 길과 네 눈이 보는 대로 좇아 행하라 그러나 하나님이 이 모든 일로 인하여 너를 심판하실 줄 알아라”(전 11:9).

“이스라엘 자손들아 여호와의 말씀을 들으라 여호와께서 이 땅 거민과 쟁변하시나니 이 땅에는 진실도 없고 인애도 없고 하나님을 아는 지식도 없고 오직 저주와 사위와 살인과 투절과 간음뿐이요 강포하여 피가 피를 뒤대임이라 그러므로 이 땅이 슬퍼하며 무릇 거기 거하는 자와 들짐승과 공중에 나는 새가 다 쇠잔할 것이요 바다의 고기도 없어지리라 그러나 아무 사람이든지 다투지도 말며 책망하지도 말라 네 백성들이 제사장과 다투는 자같이 되었음이니라”(호 4:1~4).

너의 창조자를 기억하라

“너는 청년의 때 곧 곤고한 날이 이르기 전 나는 아무 낙이 없다고 할 해가 가깝기 전에 너의 창조자를 기억하라”(전 12:1).

"여호와의 교훈은 정직하여 마음을 기쁘게 하고 여호와의 계명은 순결하여 눈을 밝게 하도다" (시 19:8).

이렇게 청소년들이 술이나 마약으로 자기를 죽이는 함정 속으로 빠지는 것을 스스로는 어쩔 수 없다는 것을 성경은 말합니다. 왜냐하면 우리 인간의 본성은 악하기 때문에 스스로 발버둥을 치면 칠수록 더 깊게 빠지게 되어 있습니다. 빠져 나올 수 있는 방법은 오직 하나님의 은혜와 말씀뿐이라는 사실입니다.

"돈을 사랑함이 일만 악의 뿌리가 되나니 이것을 사모하는 자들이 미혹을 받아 믿음에서 떠나 많은 근심으로써 자기를 찔렀도다 오직 너 하나님의 사람아 이것들을 피하고 의와 경건과 믿음과 사랑과 인내와 온유를 좇으며 믿음의 선한 싸움을 싸우라 영생을 취하라 이를 위하여 네가 부르심을 입었고 많은 증인 앞에서 선한 증거를 증거 하였도다 만물을 살게 하신 하나님 앞과 본디오 빌라도를 향하여 선한 증거로 증거 하신 그리스도 예수 앞에서 내가 너를 명하노니 우리 주 예수 그리스도 나타나실 때까지 점도 없고 책망 받을 것도 없이 이 명령을 지키라 기약이 이르면 하나님이 그의 나타나심을 보이시리니 하나님은 복되시고 홀로 한 분이신 능하신 자이며 만왕의 왕이시며 만주의 주시오 오직 그에게만 죽지 아니함이 있고 가까이 가지 못할 빛에 거하시고 아무 사람도 보지 못하였고 또 볼 수 없는 자시니 그에게 존귀와 영원한 능력을 돌릴지어다 아멘 네가 이 세대에 부한 자들을 명하여 마음을 높이지 말고 정함이 없는 재물에 소망을 두지 말고 오직 우리에게 모든 것을 후히 주사 누리게 하시는 하나님께 두며" (딤전 6:10~17),

이렇게 하나님께서는 청소년들이 죄악의 늪으로 빠져들고 있는 이 시대를 바라보면서 하루 속히 바로 깨달아 하나님께 돌아오기를 기다리십니다. 이 책임은 곧 우리 기성세대에게 주어진 몫이기도 한데 우리는 힘쓰고 애쓰기보다는 무관심하며 물질 추구를 위해 더 망가뜨리고 있지는 않은지요?

다시 한 번 내 가정 내 주위를 둘러보고 하나님의 뜻이 굽어 있다면 우리가 싸워서라도 그 굽은 것을 펴는 저와 여러분이 됩시다.

그래서 이 나라의 청소년들의 미래가 하나님 앞에서 밝게 펼쳐지게 하리라고 약속드리는 우리들이 되기를 주님의 이름으로 기도드립니다. 아멘.

64. 부녀회, 반상회 모임을 통한 복음 전파

교회를 세우라

어떻게 하면 안 믿는 자들로 하나님께 돌아오게 할까 고민과 염려로 하나님께 기도하는 중에, 부녀회를 통해 반상회에서 복음을 전할 수 있다면 효과가 클 것이라는 확신을 주셔서 이 글을 전합니다.

"썩는 양식을 위하여 일하지 말고 영생하도록 있는 양식을 위하여 하라 이 양식은 인자가 너희에게 주리니 인자는 아버지 하나님의 인 치신 자니라"(요 6:27).

"나를 보내신 이의 뜻을 행하려 함이니라 나를 보내신 이의 뜻은 내게 주신 자 중에 내가 하나도 잃어버리지 아니하고 마지막 날에 다시 살리는 이것이니라 내 아버지의 뜻은 아들을 보고 믿는 자마다 영생을 얻는 이것이니 마지막 날에 내가 이를 다시 살리리라 하시니라"(요 6:39~40).

"예수께서 이르시되 나의 양식은 나를 보내신 이의 뜻을 행하며 그의 일을 온전히 이루는 이것이니라"(요한 4:34).

즉 예수께서는 인자로 이 세상에 오셔서 우리 인간들에게 썩을 양식을 위해 살지 말고, 영원한 양식을 위해 살라고 말씀을 하십니다.

하나님께서는 어느 마을에 교회가 없어서 복음을 듣지 못하는 곳에 저를 가라고 하시며 그곳에 교회를 세우라고 하셨습니다. 그래서 말씀에 순종하여 하나님을 경외하고 예수를 믿는 자가 한 명도 없는 곳에 어느 집 방 한 칸을 빌려서 먼저 예배를 드렸습니다.

그런데 그곳에서 예배를 드리는 동안 여러 가지 핍박이 많았습니다. 어느 날은 하나님께 울면서 기도하기를 성전을 주셔야 하나님의 일을 할 수 있으니 성전을 주시기를 간절히 기도하던 중에, 큰 성전 터를 보여 주시는데 공중에는 큰 등불이 비추고 있었습니다. 그러면서 주시는 말씀이,

"참빛 곧 세상에 와서 각 사람에게 비취는 빛이 있었나니" (요한 1:9), "여호와는 나의 빛이요 나의 구원이시니 내가 누구를 두려워하리요 여호와는 내 생명의 능력이시니 내가 누구를 무서워하리요" (시편 27:1).

그리고 제가 가시덤불을 한 아름씩 안아다가 그 터에 두니 반석이 되고 또 반석이 되었습니다.

그래서 그것이 무슨 뜻인가를 묻기를 구하며 기도를 했더니 가시덤불은 사람들의 완악한 마음이라고 하시며, 반석은 예수님의 마음으로 변하여 성전을 짓는 돌들이 될 것을 말씀하시면서 성경 말씀을 주셨습니다.

"다 같은 신령한 식물을 먹으며 다 같은 신령한 음료를 마셨으니 이는 저희를 따르는 신령한 반석으로부터 마셨으매 그 반석은 곧 그리스도시라" (고전 10:3~4).

"교회는 그의 몸이니 만물 안에서 만물을 충만케 하시는 자의 충만이니라" (엡 1:23).

성전마련

"하나님은 모든 사람이 구원을 받으며 진리를 아는 데 이르기를 원하시느니라 하나님은 한 분이시오 또 하나님과 사람 사이에 중보도 한 분이시니 곧 사람이신 그리스도 예수라" (디모데전서 2:4~5).

그리고 그날 밤에 성전이 마련되는 역사가 일어났습니다.

"그러므로 각처에서 남자들이 분노와 다툼이 없이 거룩한 손을 들어 기도하기를 원하노라 또 이와 같이 여자들도 아담한 옷을 입으며 염치와 정절로 자기를 단장하고 땋은 머리와 금이나 진주나 값진 옷으로 하지 말고 오직 선행으로 하기를 원하라 이것이 하나님을 공경한다 하는 자들에게 마땅한 것이니라" (디모데전서 2:8~10).

그곳에서 한 징조가 일어났는데, 그 마을 경로당의 회장 영감님이 성전에 사람의 수가 적으니 마을 회관을 썼으면 하면서 동네 사람들을 총동원하다 보니 여론이 일게 되었습니다.

그런데 하나님께서는 그 영감님이 천길 낭떠러지에 거꾸로 처박혀 죽게 되었지만 한 사람도 그를 붙잡아 끌어올려 줄 사람이 없었는데 마침 제가 끌어올리는 것을 보여주셨습니다.

그래서 경로당에 가서 그 영감님께 어려운 일을 당할 것이니 그런 줄 알라고 말씀을 드렸습니다.

그 후 그 영감님이 6개월 만에 소를 사러 시장에 갔다가 갑자기 배가 아파 오면서 창자가 뒤틀리며 훌렁 뒤집어지더니 배가 부어올라 병원에 가니 너무 위험하다고 받아 주지를 않았습니다.

그러나 자식들이 애원하고 설득하여 기왕에 죽을 바에야 수술이나 한 번 하고서 데려가겠다고 떼를 쓰는 바람에 수술을 하여 창자를 한 자나 끊어 내었습니다. 그리고 병원에서는 일주일 정도밖에 못사실 것이라고 해서 제가 마지막으로 가서 기도를 해 드렸더니 "감사합니다" 라고 세 번이나 인사를 했습니다. 병원에서는 장례 준비나 하시라면서 집으로 모셔 가라고 하였습니다.

그런데 하나님께서 저에게 환상을 보여 주셨습니다. 삼베옷을 입은 사람들이 줄을 서 있기에 그 분이 죽을 것인가 했더니 하나님께서는 그것이 아니라고 하시면서 주시는 말씀이, "그 소문이 니느웨 왕에게 들리매 왕이 보좌에서 일어나 조복을 벗고 굵은베를 입고 재에 앉으니라"(요나서 3:6).

"네가 장차 받을 고난을 두려워 말라 볼지어다 마귀가 장차 너희 가운데서 몇 사람을 옥에 던져 시험을 받게 하리니 너희가 십 일 동안 환난을 받으리라 네가 죽도록 충성하라 그리하면 내가 생명의 면류관을 네게 주리라"(요한계시록 2:10).

희생의 열매

복음을 훼방하여 올무에 걸려 병들어 죽게 되었으나 희생하는 몇 사람이 있어 그가 살아 충성하기를 바란다고 하셨습니다. 그래서 희생자가 있으면 승리하는 이가 있듯이 희생을 하면 생명이 다시 살게 됨을 말씀하셨습니다.

이 말씀을 가지고 그 집에 가서 복음을 전했더니 큰아들이 복음을 잘 받아 주었고 그 영감님은 다시 살아서 건강이 회복되었으며, 그 이후로 온 가족이 모두 예수를 영접하게 되었습니다.

또 다른 가정의 이야기를 하겠습니다.

어떤 분이 처녀 때는 예수를 잘 믿었으나 믿지 않는 남편을 만나 신앙생활을 제대로 못하게 되었습니다. 그러다가 몸에 병이 들어 시어머니가 대소변을 받아 내야 하는 중한 병자가 되었습니다. 그런데 어느 날 제가 그 집을 전도하러 가게 되었습니다.

아픈 환자가 복음을 듣고 자기가 그동안 하나님을 떠난 것을 회개하며 건강이 회복되면 다시 교회에 나갈 것이라고 하였습니다.

어느 날 그 가정에서 예배를 드리게 되었는데 그 부인의 남편과 시어머니는 예수를 믿지 않았으므로 예배를 방해하는 것이었습니다. 그리고 대문에 금줄을 쳐서 다시는 예수 믿는 사람이 집에 들어오지 못하게 하며, 자녀들이 삼 남매가 있는데 그 시어머니는 자기 눈에 흙이 들어가기 전에는 자녀들이 예수 믿지 못하게 할 것이라고 하였습니다.

그런데 하나님께서 보여 주셨습니다. 오이꽃이 피었는데 꽃이 떨어지지 않게 조심하라는 것이었습니다.

기독교는 덕의 종교

초신자들이나 믿지 않는 이웃에게 덕스럽지 못하게 복음의 문이 닫히고 실족케 하는 일이 없도록 먼저 믿는 자들이 각별히 조심하고 명심해야 할 것을 깨달았습니다.

하루는 꿈에 그 집 온 식구가 전깃줄 위에 모두 앉아 있는 위험한 모습을 보여 주셨습니다. 병이 나은 그 부인은 돌아가신 친정아버지 환갑이라고 주일을 범하고 산소에 가려고 하다가 바람을 맞아 중풍으로 쓰러졌습니다.

반신불수가 되어 오른손을 쓰지 못하고 혀가 굳어 말도 못하는 벙어리가 되었으며, 그러다가 끝내는 죽고 말았습니다. 그리고 둘째 며느리는 정신 착란을 일으켜 떠돌아다니다가 그도 죽고 말았습니다.

결국 두 아들은 젊은 나이에 홀아비가 되었으며 그 뿐만 아니라 사위는 술이나 먹고 방탕한 생활을 하다가 처갓집에 와서 모두 죽이겠다고 칼과 도끼로 소동을 피우는 등 삼 년 안에 그 집이 망하는 것을 보았습니다.

또 환상에 그 시어머니가 맨발로 산에 오르는 것이 보이더니 하루는 저희 집에 돈을 꾸러 오셨기에 그 환상 이야기를 했더니 듣기만 하고 회개하지 않는 것이었습니다.

"만군의 여호와가 이르노라 보라 극렬한 풀무불 같은 날이 이르리니 교만한 자와 악을 행하는 자는 다 초개 같을 것이라 그 이르는 날이 그들을 살라 그 뿌리와 가지를 남기지 아니할 것이로되"(말라기 4:1).

"여호와를 배반하고 좇지 아니한 자와 여호와를 찾지도 아니하며 구하지도 아니한 자를 멸절하리라"(스바냐 1:6).

역사하시는 하나님

또 어떤 집에 가서 환자를 위해 기도를 하는데 옆집 아주머니가 비웃으며 속으로 업신여기는 것이었습니다. 그러면서 아프면 약국에 가서 약을 사 먹던지 병원에 가서 치료를 받아야지 기도한다고 병이 낫느냐고 비웃더니 갑자기 7살 난 그의 아들이 무서움에 사로잡혀 꼼짝을 못하는 것이었습니다.

그래서 하나님께 기도하며 회개를 하라고 했더니 그 아이가 무서움이 사라지고 평안을 찾는데 기도 중에 그 아이의 관절염이 다시 재발할 것이라고 했더니 정말로 관절염이 재발하는 것이었습니다. 그 일로 온 식구가 다 예수님을 영접하여 하나님 나라가 그 집에 임하기를 바랐으나 듣지를 않았습니다.

"그러하나 진리의 성령이 오시면 그가 너희를 모든 진리 가운데로 인도하시리니 그가 자의로 말하지 않고 오직 듣는 것을 말하시며 장래 일을 너희에게 알리시리라"(요한 16:13).

그러더니 그 남편의 가장 친한 친구가 칼을 가지고 저녁마다 찾아와서 남편에게 모래사장에 가서 결판을 내자고 한다면서 어떻게 하면 좋겠느냐고 저에게 물어 왔습니다.

싸우거나 미워할 것이 아니라 그 친구를 사랑하며 이제는 하나님의 말씀대로 살라고 온유한 심정으로 친구에게 말을 하라고 했더니 그 후로는 다시는 찾아와서 괴롭히지 않게 되었습니다.

"네 대적들이 일어나 너를 치려 하면 여호와께서 그들을 네 앞에서 패하게 하시리니 그들이 한 길로 너를 치러 들어왔으나 네 앞에서 일곱 길로 도망하리라"(신명기 28:7).

그런데도 그의 남편은 하나님께로 돌아오지 아니함으로 병이 들어 큰 어려움을 당했습니다.

"그런즉 너희는 너희 길과 행위를 고치고 너희 하나님 여호와의 목소리를 청종하라 그리하면 여호와께서 너희에게 선고하신 재앙에 대하여 뜻을 돌이키시리라"(예레미야 26:13).

"교만은 패망의 선봉이요 거만한 마음은 넘어짐의 앞잡이니라"(잠언 16:18).

"너를 괴롭게 하던 자의 자손이 몸을 굽혀 네게 나아오며 너를 멸시하던 모든 자가 네 발 아래 엎드리어 너를 일컬어 여호와의 성읍이라, 이스라엘의 거룩한 자의 시온이라 하리라"(이사야 60:14).

의심하지 마라

또 어떤 가정이 집사님 가정이면서도 신앙생활을 쉬는 중에 집안 식구들이 감기 몸살 같은 병이 걸렸습니다. 그 집사님이 꿈을 꾸는데 파리 떼가 자기 얼굴에 와서 괴롭게 함으로 손을 저으며 파리 떼를 쫓는 모습을 남편이 보고, 자면서 왜 그렇게 손을 흔들었느냐고 물어 보는 것이었습니다. 그 얘기를 듣고 기도 중에 주시는 말씀이, "파리 떼를 저희 중에 보내서 물게 하시고 개구리를 보내어 해하게 하셨으며"(시편 78:45), 그리고 그 집사님이 다시 꿈을 꾸었는데 천사들이 오더니 여기 예수 믿는 집이 어디 있는가 하고 물어 보기에 저희 집을 가르쳐 주었더니 두 천사가 우리 집으로 들어오라고 했습니다. 그 말을 듣고 제가 예수님이 다시 오신다는 것에 대하여 전했더니 영 의심을 하는 눈치였습니다.

그 후에 집사님이 병이 나서 병원에 가서 진찰을 받아 보니 담석증이라는 진단이 나와서 혹시나 하고 다른 병원에서도 진찰을 받아 보았으나 똑같은 진단이 나왔습니다.

그 병은 간에 돌이 들어가서 사경을 헤매는 병이었습니다. 입원 수술 준비를 하고 3일간 주사를 맞으며 고통하는 것을 남편이 보다 못해 저에게 전화를 하였습니다. 가서 같이 기도를 하는 중에 왜 의심하느냐 하는 호통이 나왔습니다.

그 순간 돌이 빠지는 듯하면서 아픔이 사라지는 것 같다고 했습니다. 다시 검사를 했더니 아무 이상이 없었으며 수술을 하지도 않고 고침을 받은 일이 있었습니다.

또 어떤 가정은 사업이 잘 되지 않아 온 식구들이 정신 착란을 일으킬 정도로 생활이 복잡하고 어려움을 당했는데 그 집에 복음을 전하여 교회에 출석하게 되었습니다. 그런데 얼마 못 가서 헌금 낼 돈이 없어서 교회에 나가지 못하겠다고 시험이 들어 교회에 나오지 않더니 부인이 목이 아파서 물도 마시지 못하게 되었습니다.

그래서 원주 기독 병원에 가서 진찰을 하니 목에 암이 생겨 수술을 하면 옆으로 가지를 치니 수술도 못한다고 했습니다. 제가 찾아가서 회개하고 다시 교회에 나가라고 했더니 그가 하는 말이 죽으면 그만이지 하는 것이었습니다.

그 다음날 아침에 그 부인의 아들이 리어카에 바람을 넣다가 갑자기 쓰러져 죽었습니다. 그 엄마의 말 한마디 실수로 건강하던 아들이 갑자기 죽고 말았습니다. 말을 함부로 하는 자들에게 입조심 해야 할 것을 보여 주신 것입니다.

이 세 재앙 곧 저희 입에서 나오는 불과 연기와 유황을 인하여 사람 삼분의 일이 죽임을 당하니라고 하셨습니다(요한계시록 9:18).

"입을 지키는 자는 그 생명을 보전하나 입술을 크게 벌리는 자에게는 멸망이 오느니라"(잠언 13:3).

그 부인의 아들은 그렇게 죽었으나 부인과 가족들은 살아야 되겠기에 기도하는 중 주시는 말씀이, "너희 중에 병든 자가 있느냐 저는 교회의 장로들을 청할 것이요 그들은 주의 이름으로 기름을 바르며 위하여 기도할지니라 믿음의 기도는 병든 자를 구원하리니 주께서 저를 일으키시리라 혹시 죄를 범하였지라도 사하심을 얻으리라"(야고보서 5:14~15).

"하나님은 아프게 하시다가 싸매시며 상하게 하시다가 그 손으로 고치시나니"(욥기 5:18).

"가라사대 너희가 하나님 나 여호와의 말을 청종하고 나의 보기에 의를 행하며 내 계명에 귀를 기울이며 내 모든 질병의 하나도 너희에게 내리지 아니하리니 나는 너희를 치료하는 여호와임이니라"(출애굽기 15:26).

그렇게 말씀을 나누면서 만병의 대의사는 하나님이시며 인간을 창조하신 하나님께서 어떤 병이던지 못 고칠 병이 없으니 그 하나님을 바로 믿기만 한다면 병을 고쳐주신다고 했더니 말씀을 믿고 진심으로 회개를 하는 것이었습니다.

그 후 차츰 상태가 호전되면서 목 암이 깨끗하게 고침을 받고 그 일로 온 식구가 하나님 자녀로 돌아오는 모습을 보았습니다.

"네가 만일 이 책에 기록한 이 율법의 모든 말씀을 지켜 행하지 아니하고 네 하나님 여호와께서 나의 재앙과 네 자손의 재앙을 극렬하게 하시리니 그 재앙이 크고 오래고 그 질병이 중하고 오랠 것이라"(신명기 28:58~59).

"네가 네 하나님 여호와의 말씀을 삼가 듣고 내가 오늘날 네게 명하는 그 모든 명령을 지켜 행하면 네 하나님 여호와께서 너를 세계 모든 민족 위에 뛰어나게 하실 것이라"(신명기 28:1).

그러므로 오늘날 하나님을 믿는다고 하면서도 온전한 마음과 순종이 없다면 하나님은 결코 기뻐하지 않을 것입니다.

"너희는 그 성벽에 올라가 훼파하되 다 훼파하지 말고 그 가지만 꺾어 버리라 여호와의 것이 아님이니라"(예레미야 5:10).

여호와의 것이 아니니까 죽은 가지는 꺾어 버리라고 하셨습니다. 우리는 생기 있게 주님에게 붙어 있는 살아 있는 가지가 되어야 하겠습니다.

어느 가정에 하나님을 믿지 않아 화가 오는데 그 집 아이가 눈사람을 만들다가 넘어져 다리를 다치게 되었습니다. 그 아이가 병원에서 치료를 받아도 차도가 없다면서 저에게 와서 걱정을 하기에 아이를 놓고 기도를 하니 하나님께서 주시는 말씀이 "예수께서 가라사대 너희는 표적과 기사를 보지 못하면 도무지 믿지 아니하리라"(요한 4:48).

그래서 그 말씀을 들려주면서 간절히 기도를 하니 차츰 좋아지면서 괜찮아졌습니다. 그런데 얼마 있지 않아 그 아이가 또 간질로 어려움을 당하는데 무슨 이유인가 하고 기도하는 중에, "귀신이 어디서든지 저를 잡으면 거꾸러져 거품을 흘리며 이를 갈며 그리고 파리하여 가는지라 내가 선생의 제자들에게 내어 쫓아 달라 하였으나 저희가 능히 하지 못하더이다"(마가 9:18).

그리고 이 귀신을 쫓아내려면 어떻게 합니까하니 주시는 말씀이 "이르시되 기도 외에 다른 것으로는 이런 유가 나갈 수 없느니라 하시니라"(마가 9:29).

그래서 그 부모에게 말씀을 같이 보면서 이 말씀을 믿어라 하면 믿겠느냐, 또 성령이 임하면 평안이 온다고 했는데 아이가 이같이 거품을 흘리며 고통 당하는 것이 하나님을 모르기 때문이라고 하면서 이런 하나님의 말씀을 믿겠느냐고 했습니다.

그러자 말씀을 받아들이고 그 어머니가 새벽기도를 시작하여 신앙생활을 온전히 하게 되었으며, 아이의 간질도 고침을 받아 온 가족이 그 계기로 하나님을 믿고 축복을 받은 가정이 되었습니다.

또 불교에서 쓰임을 받던 연탄공장 사장이 있었는데 기도 중에 하나님께서 그 집에 복음을 전하라고 하시면서 그 가정에 되어 가는 모든 일들을 보여 주셨습니다. 하나님 말씀이 재미있다고 그 부인이 하루에 한 번씩 저희 집에 와서 복음을 듣고 가고는 하였는데 3일을 계속 오지 않아 궁금하던 차에 기도 중에 환상으로 그 집 아들 하나가 울고 있는 것을 보여 주셨습니다.

그 후에 그 사장 부인이 다시 왔기에 환상에 아들이 울고 있는 것이 보이더라고 했더니 아이가 귀가 아파서 운다고 했습니다. 그러나 하나님의 뜻은 "귀 있는 자는 성령이 교회들에게 하시는 말씀을 들을지어다"(요한

계시록 3:22).

하나님께서는 그 엄마가 복음의 말씀을 듣기만 하고 실천을 하지 않으니까 그런 일이 일어났다면서 저의 입에서 갑자기 이틀 동안이나 백혈병이라는 말이 나온다고 했습니다. 그 부인이 하는 말이 남편이 아파서 병원에 가서 진찰을 하니 의사가 백혈병이라고 했다면서 이 일을 남편과 자기만 아는데 어떻게 알고 있느냐고 어안이 벙벙하다고 했습니다.

"무릇 내가 사랑하는 자를 책망하여 징계하노니 그러므로 네가 열심을 내라 회개하라" (요한계시록 3:19).

그것은 하나님께서 사랑하는 자를 징계하여 깨우쳐 하나님의 백성 삼으려고 하셨다는 것입니다.

"또 아들들에게 권하는 것같이 너희에게 권면하신 말씀을 잊었도다 일렀으되 내 아들아 주의 징계하심을 경히 여기지 말며 그에게 꾸지람을 받을 때에 낙심하지 말라" (히브리서 12:5).

그것은 징계가 없은즉 사생자라 사생자를 만들지 않고 하나님의 참 아들을 만들려는데 걱정을 하느냐 두려워 말라는 것이었습니다.

"그러나 두려워하는 자들과 믿지 아니하는 자들과 흉악한 자들과 살인자들과 행음하는 자들과 술객들과 우상숭배자들과 모든 거짓말하는 자들은 불과 유황으로 타는 못에 참예하리니 이것이 둘째 사망이라" (요한계시록 21:8).

이렇게 말씀을 나누면서 하나님의 뜻을 전했더니 그 사장이 말하기를 아주머니가 나를 이겼다고 하며 3년 만에 교회에 나오게 되었습니다. 그런데 교회를 얼마 다니다가 믿는 자들의 생활이 믿지 않는 자들의 생활보다 낫지 않고 본받을 게 없다면서 교회 다니는 것을 탐탁지 않게 여기는 것을 보았습니다.

"화 있을진저 외식하는 서기관들과 바리새인들이여 너희는 천국 문을 사람들 앞에서 닫고 너희도 들어가지 않고 들어가려 하는 자도 들어가지 못하게 하는도다" (마태 23:13).

그러니 우리 믿는 자들은 불신자나 믿음이 약한 자들에게 모범과 본을 보여야 한다는 것을 깊이 깨달았습니다.

구원의 역사

또 한 가정에는 나이가 70이 넘은 할아버지가 맹장수술을 했는데 수술이 잘못되어 고통이 심하던 차에 부녀회장과 함께 그 집에 문병차 전도하러 갔습니다. 같이 기도하는 중에 주시는 말씀이 "백성들아 너희는 다 들을지어다 땅과 거기 있는 모든 것들아 자세히 들을지어다 주 여호와께서 너희에게 대하여 증거 하시되 곧 주께서 성전에서 그리하실 것이니라"(미가서 1:2).

말씀을 듣던 중 그 집 큰아들이 회개하는 마음을 갖더니 할아버지 병이 호전되어 회복이 되었습니다.

또 우상을 섬기고 무당을 섬기면서 하나님을 믿지 않는 가정이 자녀를 낳았는데 큰 아이는 머리만 커서 4살이 되었는데도 걷지를 못하는 기형이며 둘째를 낳았는데 거꾸로 낳았습니다. 기도를 하는데 그 집에 복음을 전하라고 하셨습니다.

"일월성신에는 징조가 있겠고 땅에서는 민족들이 바다와 파도의 우는 소리를 인하여 혼란한 중에 곤고하리라"(누가 21:25).

그리고 꿈에 그 아이의 뱃속에 공책이 들어 있는 것이 보이기에 하나님께 그 뜻을 물어보니 주시는 말씀이, "사마리아가 그 하나님을 배반하였으므로 형벌을 당하여 칼에 엎드러질 것이요 그 어린아이는 부숴뜨리우며 그 아이 밴 여인은 배가 갈리우리라"(호세아 13:16).

하나님을 배반하므로 칼에 엎드러질 것이라는 것을 하나님이 심판하실 것을 깨닫게 하셨습니다. 그 일로 그 가정에 완고하고 교만하던 그들이 깨어지고 우상을 버리고 하나님을 믿게 되었습니다. 이렇게 하나님은 여러 가지 방법으로 구원의 역사를 이루시는 것을 볼 수 있었습니다.

10년 전에 충청도에서 소나무가 다 죽어가는데 전도하던 중에 5,000평에 대추, 호도, 포도나무 등 온갖 종류의 과일을 심고 연못도 있는 데가 있었습니다. 그 주인이 그곳에다 절을 지으려고 했다가 기도원 지으라고 내주었습니다. 기도하는 중에 소나무가 누렇게 죽은 것을 보았습니다. 낮에 손님이 와서 얘기 나누는 중에 산을 보니 소나무가 죽어 있었습니다. 그 후에 강원도, 서울, 충청도를 빙 돌게 만들더니 방송에선 그 원인을 모르겠다고 했습니다.

“저희 포도나무와 무화과나무를 치시며 저희 사경의 나무를 찍으셨도다”(시편 105:33).

5,000평의 대추밭이 3년 동안 잘 열었는데 오가리가 끼었습니다.

“포도나무가 시들었고 무화과나무가 말랐으며 석류나무와 대추나무와 사과나무와 및 밭의 모든 나무가 시들었으니 이러므로 인간의 희락이 말랐도다 제사장들아 너희는 굵은 베로 동이고 슬피 울지어다 단에 수종 드는 자들아 너희는 곡할지어다 내 하나님께 수종 드는 자들아 너희는 와서 굵은 베를 입고 밤이 맞도록 누울지어다 이는 소제와 전제를 너희 하나님의 전에 드리지 못함이로다”(요엘 1:12~13).

하나님을 안 섬겼기 때문에 그러한 징조를 주셔서 깨우침을 주시려고 하신 것입니다.

‘81년도에 충청도에서 제주도로 와서 호박씨를 심었는데 벌레가 먹어서 하루 3번 기도를 했더니 잘 열려서 아주 큰 호박이 열렸습니다. 너무 고마워서 기도를 하는데 농촌진흥청에 갖다 주라고 해서 갖다 주니 온 마을 사람들이 함께 나눠 먹었습니다.

“팟종이가 남긴 것을 메뚜기가 먹고 메뚜기가 남긴 것을 늣이 먹고 늣이 남긴 것을 황충이 먹었도다 농부들아 너희는 부끄러워할지어다 포도원을 다스리는 자들아 곡할지어다 이는 밀과 보리의 연고라 밭의 소산이 다 없어졌음이로다”(요엘 1:4,11).

“그러므로 각처에서 남자들이 분노와 다툼이 없이 거룩한 손을 들어 기도하기를 원하노라 또 이와 같이 여자들도 아담한 옷을 입으며 염치와 정절로 자리를 단장하고 땋은 머리와 금이나 진주나 값진 옷으로 하지 말고 오직 선행으로 하기를 원하라 이것이 하나님을 공경한다 하는 자들에게 마땅한 것이니라 여자는 일절 순종함으로 종용히 배우라(디모데전서 2:8~11).

쉽게 분노하고 다투기를 잘하는 습관에서 벗어나야겠습니다. 여자들이 옷 입고 다니는 것을 보면 차마 보기 민망할 때가 많습니다. 예배드릴 때도 놀러갈 때의 차림으로 예배드리는 사람을 볼 수가 있는데 정장차림으로 옷매무새를 잘하고 예배를 드려야겠습니다.

'75년도의 일이었습니다. 충주에 있을 때 꿈에 수도꼭지를 붙들고서 이틀 동안 물이 안 나온다고 했는데 두 달 동안이나 추워서 물이 꽁꽁 얼어 수돗물을 못 먹고 고생했습니다. 그런데 그때 사과나무가 다 죽고, 그 후로 새로이 사과나무가 잘 열리게 되어 이제는 충주사과가 제일 맛있는 사과가 되었습니다.

지금은 소독하지 않으면 식물을 제대로 못 먹는 세상이 되었습니다. 그러나 하나님의 뜻대로 살면 황충도 금한다고 하셨습니다.

"만군의 여호와가 이르노라 너희 열조의 날로부터 나의 규례를 떠나 지키지 아니하였도다 그런즉 내게로 돌아오라 그리하면 나도 너희에게로 돌아가리라 하였더니 너희가 이르기를 우리가 어떻게 하여야 돌아가리이까 하도다 사람이 어찌 하나님의 것을 도적질하겠느냐 그러나 너희는 나의 것을 도적질하고도 말하기를 우리가 어떻게 주의 것을 도적질하였나이까 하도다 이는 곧 십일조와 헌물이라 너희 곧 온 나라가 나의 것을 도적질하였으므로 너희가 저주를 받았느니라 만군의 여호와가 이르노라 너희의 온전한 십일조를 창고에 들여 나의 집에 양식이 있게 하고 그것으로 나를 시험하여 내가 하늘 문을 열고 너희에게 복을 쌓을 곳이 없도록 붓지 아니하니 보라 만군의 여호와가 이르노라 내가 너희를 위하여 황충을 금하여 너희 토지 소산을 멸하지 않게 하며 너희 밭에 포도나무 과실로 기한 전에 떨어지지 않게 하리니" (말라기 3:7~11).

지금은 '노아의 홍수', '엘리야의 때' 와 같은데 엘리사가 엘리야에게 갑절의 영감을 구했습니다. 그 영감은 곧 '정직, 진실, 온유, 겸손' 하여 하나님의 뜻대로 사는 자가 받을 수 있는 것입니다. 지금은 학벌이 높고 아는 것이 많다고 자기가 제일이라고 말도 못 붙이게 하는 사람이 많습니다. 하나님이 다 버리고 싶다고 하십니다. 그러면 환란이 오는 것입니다. 믿는 자가 왜 환난을 당합니까? 감사함으로 살지 않으므로 이방인에게 복을 빼앗기는 것입니다.

"너희 중에 우거하는 이방인은 높아져서 네 위에 뛰어나고 너는 점점

낮아질 것이며 그는 네게 꾸밀지라도 너는 그에게 꿔지 못하리니 그는 머리가 되고 너는 꼬리가 될 것이라 네가 네 하나님 여호와의 말씀을 순종치 아니하고 네게 명하신 그 명령과 규례를 지키지 아니하므로 이 모든 저주가 네게 임하고 너를 따르고 네게 미쳐서 필경 너를 멸하리니 이 모든 저주가 너와 네 자손에게 영원히 있어서 표적과 감계가 되리라 네가 모든 것이 풍족하여도 기쁨과 즐거운 마음으로 네 하나님 여호와를 섬기지 아니함을 인하여 네가 주리고 목마르고 헐벗고 모든 것이 핍절한 중에서 여호와께서 보내사 너를 치게 하실 대적을 섬기게 될 것이니 그가 철 멍에를 네 목에 메워서 필경 너를 멸할 것이라"(신명기 28:43~48).

요즘 하늘에서 계란만한 우박이 떨어져서 유리창 문이 깨어지고 수박이 깨어져 애써 지은 곡식을 다 망쳐버렸습니다. 하나님을 훼방한 결과로 일어난 일입니다.

"또 중수가 한 달란트나 되는 큰 우박이 하늘로부터 사람들에게 내리매 사람들이 그 박재로 인하여 하나님을 훼방하니 그 재앙이 심히 큼이러라"(요한계시록 16:21).

"그때에 인자의 징조가 하늘에서 보이겠고 그때에 땅의 모든 족속들이 통곡하며 그들이 인자가 구름을 타고 능력과 큰 영광으로 오는 것을 보리라"(마태 24:30).

하늘의 징조를 잘 깨달아서 하나님을 경외하여 이 땅에 다시는 우박이 오지 않게 해야겠습니다.

"보라 내가 노와 분과 큰 분노로 그들을 쫓아 보내었던 모든 지방에서 그들을 모아내어 이곳으로 다시 인도하여 안전히 거하게 할 것이라 내가 기쁨으로 그들에게 복을 주되 정녕히 나의 마음과 정신을 다하여 그들을 이 땅에 심으리라 베냐민 땅과 예루살렘 사방과 유다 성읍들과 산지의 성읍들과 평지의 성읍들과 남방의 성읍들에 있는 밭을 은으로 사고 증서를 기록하여 인봉하고 증인을 세우리니 이는 내가 그들의 포로로 돌아오게 함이니라 여호와의 말이니라"(예레미야 32:37,42,44).

하나님은 우리에게 깨우침을 주시려고 노와 분과 재앙 내린 것을 회복시켜 주십니다,

아무쪼록 하나님의 말씀을 따라 하나님을 잘 섬기는 생활을 함으로써 후세에까지 복을 받는 삶을 살기를 바랍니다.

65. 남편의 희생으로 쓰임받게 되다

성경은 예언서이면서 법입니다. 우리 가족에 대해 영화 필름이 돌아가는 것 같이 보이며 남편의 희생이 따름으로 내가 하나님의 쓰임을 받는다고 말씀하셨습니다(막 10:37~45).

부흥회를 갔는데 집에 오니까 남편이 가방과 함께 성경을 불태웠습니다. 이틀 후 새벽 4시에 남편이 일어났다 쓰러지더니 얼굴이 완전히 돌아갔습니다. 큰아들이 이를 보고 놀랐습니다. 이것은 하나님의 벌이라 생각했습니다. 남편은 두 달 반 만에 기도원에서 치료를 받았습니다(눅 17:34).

어느 날 어느 모녀가 답답한 일이 있었던지 우리 집에 기도 받으러 오니까 남편이 "저 여자는 자기 이름자도 모르니 오지 말라" 고 해서 말문이 막혔고, 나를 때리려는 손이 가슴에 붙어버렸습니다(시 31:18).

남편을 원수같이 생각했는데 그를 희생당하게 하고 나는 쓰임 받으므로 나는 빚진 자라는 깨달음이 왔습니다. 그러므로 예수 안에서 원수가 없음을 깨달았습니다(막 3:29, 계 22:7~18).

그러므로 우리는 주께서 오시기 전에는 판단하지 말아야 합니다. 각자에게 주신 사명을 감당함이 각자에게 주신 칭찬입니다. 그래서 말씀의 교훈을 받아 성령 충만함을 받아야 합니다(고전 4:5).

하나님을 안 믿으면 죄악이고, 인간의 본성에 사로잡혀 인본주의의 삶을 산다는 깨달음을 주셨습니다(습 1:6~14).

1969년 아들 돌인데 하늘과 땅에 닫는 문이 보이고 아들이 문 곁에 서 있는 모습을 보고 우리는 문지기의 삶을 살아야 한다는 깨달음을 받았습니다(요 10:9, 계 3:19~21).

딸이 예수 믿다가 고등학교 때 예수님을 멀리하니 강도 만나 죽는 모습을 보여주셨습니다. 그러자 딸이 장질부사가 걸려 죽고 싶다고 하였습니다. 교회 목사님과 장로님과 교인을 불러 예배를 드렸는데도 안 되었습니다. 그래서 그 당시 헌금 5,000원을 봉투에 넣어 회개하며 기도하였더니 이 말씀을 주시면서 깨끗이 치료하여 주셨습니다(롬 10:2~10, 마 18:8, 잠 5:23, 요한1서 5:12, 잠 3:1~6, 렘 48:10, 겔 24:15).

문둥병이 온다, 콩알 같이 몸에 드러나 병원에 가서 주사를 맞고 약을 먹으면 옆에서 또 불어나니 약에만 의존하여 심장병에 기침 각색병이 몸에 부니(신 28:58~59), 자녀들 3명이 똑같이 하룻밤을 빈대와 벼룩 보이니 아이들은 이빨을 갈면서(시 105~28).

어느 장로님 가정에 신방을 갔더니 중학생 아들이 몸에 두드러기가 나서 병원에 가야하겠다기에 롬 10:2에 따라 아버지 뜻대로 생각하자고 기도하니까 밤새 나았다고 전화가 왔기에 저희 자녀들 셋이 문둥병이 온다고 한 것이(롬 10:2, 마 8:2), 하나님의 뜻에 어긋나면 문둥병자 같은 사람이라는 것을 깨닫고 철저히 회개하면서 계시가 오는데 네가 먼저 알고 너와 같은 죄인들을 살려라! 며칠 만에 약을 다 버리고 기도하며 각색병이 깨끗이 낫고 사십 년이 지난 현재 아이들 다리에 흉터 남아 있지요.

막내아들이 6살 때 친구들을 때리고 하니까 친구 엄마들이 어떻게 하면 좋으냐고 하면서 그날밤 큰딸하고 똑같은 꿈에 아들이 죽은 것을 보이고 그날부터 이질로 피똥을 싸는데 까맣게 죽는 모습을 계시해 주셨습니다(마 18,8, 잠 5,23, 잠 3,1~6).

섣달그믐 어느 날 자살할 수밖에 없는 집에 가서 생명의 복음, 평화의 복음을 전하라는 계시가 오는 걸 "다음에 갈게요" 하고 미루던 정월초하룻날 다섯 살 된 딸이 성한손이 열 개가 아파서 펄떡 띠니 제가 순종하겠다 하며 병을 거둬 주세요.

기도하니(렘 48:10) 말씀을 주시면서 그날로 병에서 해방되어(출 15:26), 만병의 의사는 여호와 하나님임을 깨닫고 책으로 남겨 후손을 죄악에서 해방시켜 축복받게 하기 위함입니다.

큰딸은 열 살, 작은딸은 다섯 살인데 다리 한쪽씩 돌아가는 것을 소아마비인가 하다 아버지 뜻이 계실거야 하며 기도 중(겔 24:15) 이 말씀을 주시고 눈을 떠보니까 정상으로 해주셨습니다. 전기선에 소켓이 없으면 빨간 구리철사 불을 밝게 할 수 없지요. 전기솥에 밥을 하려니 소켓이 없어서 막내아들이 고생하는 것을 보이며(요한1서 5:12) 하나님의 아들 예수님이 마음에 없는 사람은 생명이 없는 것입니다.

너희들은 썩어가는 세상에 소금 방부제(마 5:13~14)가 되고, 예수님의 복음의 빛으로 밝게 비추라(요 6:53).

66. 성부 하나님은 예수님을 통하여 마지막을 정리하신다

"우리 주 그리스도 나타나실 때까지 점도 없고 책망 받을 것도 없이 이 명령을 지켜라 기약이 이르면 하나님이 그의 나타나심을 보이시리니 하나님은 복되시고 홀로 한 분이신 능하신 자이며 만왕의 왕이시며 만주의 주시오 오직 그에게만 죽지 아니함이 있고 가까이 가지 못할 빛에 거하시고 아무 사람도 보지 못하였고 또 볼 수 없는 자시니 그에게 존귀와 영원한 능력을 돌릴지어다 아멘"(딤전 6:14~16).

"태초에 말씀이 계시니라 이 말씀이 하나님과 함께 계셨으니 이 말씀은 곧 하나님이시니라"(요 1:1).

"영접하는 자 곧 이름을 믿는 자들에게는 하나님의 자녀가 되는 권세를 주셨으니"(요 1:11).

"말씀이 육신이 되시어 우리 가운데 거하시매 우리가 그 영광을 보니 아버지의 독생자의 영광이요 은혜와 진리가 충만하더라"(요 1:14).

"만물의 마지막이 가까웠으니 그러므로 너희는 정신을 차리고 근신하여 기도하라 무엇보다도 열심히 서로 사랑할지니 사랑은 허다한 죄를 덮느니라"(벧전 4:7~8).

"종말로 형제들아 우리가 주 예수 안에서 너희에게 구하고 권면하노니 너희가 마땅히 어떻게 행하며 하나님께 기쁘시게 할 것을 우리에게 받았으니 곧 너희 행하는 바라 더욱 많이 힘쓰라 우리가 주 예수로 말미암아 너희에게 무슨 명령으로 준 것을 너희가 아느니라"(살전 4:1~2).

"그러므로 그리스도 안에 무슨 권면이나 사랑에 무슨 위로나 성령의 무슨 교제나 긍휼이나 자비가 있거든 마음을 같이하여 같은 사랑을 가지고 뜻을 합하며 한 마음을 품어 아무 일에든지 다툼이나 허영으로 하지 말고 오직 겸손한 마음으로 각각 자기보다 남을 낫게 여기고 각각 자기

일을 돌아볼뿐더러 또한 각각 다른 사람들의 일을 돌아보아 나의 기쁨을 충만케 하라 너희 안에 이 마음을 품으라 곧 그리스도 예수의 마음이니"(빌 2:1~5).

"그 일 후에 하나님이 아브라함을 시험하려고 그를 부르시되 아브라함아 하시니 그가 가로되 내가 여기 있나이다 여호와께서 가라사대 네 아들 네 사랑하는 독자 이삭을 데리거고 모리아 땅으로 가서 내가 네게 지시하는 한 산 거기서 그를 번제로 드리라 아브라함이 아침에 일찍이 일어나 나귀에 안장을 지우고 두 사환과 그 아들 이삭을 데리고 번제에 쓸 나무를 쪼개어 가지고 떠나 하나님의 자기에게 지시하는 곳으로 가더니"(창 22:1~3).

"아브라함이 가로되 아들아 번제할 어린 양은 하나님이 자기를 위하여 친히 준비하리라 하고 두 사람이 함께 나아가서"(창 22:13~14), "아브라함이 눈을 들어 살펴본 즉 한 숫양이 뒤에 있는데 뿔이 수풀에 걸렸는지라 아브라함이 가서 그 숫양을 가져다가 아들을 대신하여 번제로 드렸더라 아브라함이 그 땅 이름을 여호와 이레라 하였으므로 오늘까지 사람들이 이르기를 여호와의 산에서 준비되리라 하더라"(막 9:23).

한봉선은 말하다

인쇄일 2012년 1월 15일
발행일 2012년 1월 15일

지은이 한봉선
펴낸이 김화인
펴낸곳 도서출판 조은
편집인 윤은혜 · 윤병선
디자이너 김진순
제작인 김화인
주소 서울시 중구 인현동1가 19-2번지
전화 (02)2272-1391
저자 연락처 010-9278-9206
출판등록 1995년 7월 5일 등록번호 제2-1999호
ISBN 978-89-94329-19-2
정가 12,000원